涵芬楼宋刊本

资治通鉴

简化字点校本

资治通鉴卷第二百五十八

唐纪七十四 起屠维作噩，尽重光大渊献，凡三年。

昭宗圣穆景文孝皇帝上之上

龙纪元年（己酉，公元八八九年）

春，正月，癸巳朔，赦天下，改元。

以翰林学士承旨、兵部侍郎刘崇望同平章事。

汴将庞师古拔宿迁，军于吕梁。时溥逆战，大败，还保彭城。

壬子，蔡将郭璠杀申丛，送秦宗权于汴，告朱全忠云：『丛谋复立宗权。』全忠以璠为淮西留后。

戊申，王建大破山行章于新繁，杀获近万人，行章仅以身免。杨晟惧，徙屯三交，行章屯濛阳，与建相持。

二月，朱全忠送秦宗权至京师，斩于独柳。京兆尹孙揆监刑，宗权于槛车中引首谓揆曰：『尚书察宗权岂反者邪？但输忠不效耳。』观者皆笑。揆，逖之族孙也。

三月，加朱全忠兼中书令，进爵东平郡王。全忠既克蔡州，军势益盛。加奉国节度使赵德諲中书令，加蔡州节度使赵犨同平章事，充忠武节度使，以陈州为治所。会犨有疾，悉以军府事授其弟昶，表乞骸骨，诏以昶代为忠武节度使。未几，犨薨。丙申，钱铢拔苏州，徐约亡入海而死。钱镠以海昌都将沈粲权知苏州。

夏，四月，赐陕虢军号保义。

五月，甲辰，润州制置使阮结卒，钱镠以静江都将成及代之。

李克用大发兵，遣李罕之、李存孝攻孟方立，六月，拔磁、洺二州。方立遣大将马溉、袁奉韬将兵数万拒之，战于琉璃陂，方立兵大败，二将皆为所擒，克用乘胜进攻邢州。方立性猜忌，诸将多怨，至是皆不为方立用，方立惭惧，饮药死。弟摄洺州刺史迁，素得士心，众奉之为留后，求援于朱全忠。全忠假道于魏博，罗弘信不许。全忠乃遣大将王虔裕将精甲数百，间道入邢州共守。

杨行密围宣州，城中食尽，人相啖，指挥使周进思据城困逐赵锽。锽将奔广陵，田頵追擒之。未几，城中执进思以降。行密入宣州，诸将争取金帛，徐温独据米囷，为粥以食饿者。温，朐山人也。锽将宿松周本，勇冠军中，行密获而释之，以为裨将。锽既败，左右皆散，惟李德诚从锽不去，行密以宗女妻之。德诚，西华人也。行密表言于朝，诏以行密为宣歙观察使。朱全忠与赵锽有旧，遣使求之。行密谋于袁袭，袭曰：『不若斩首以遗之。』行密从之。未几，袭卒，行密哭之曰：『天不欲成吾大功邪，何为

折吾股肱也！吾好宽，而袭每劝我以杀，此其所以不寿与！』

孙儒遣兵攻庐州，蔡俦以州降之。

朱珍拔萧县，据之，与时溥相拒，朱全忠欲自往临之。珍命诸军皆葺马厩，李唐宾部将严郊独惰慢，军吏责之，唐宾怒，见珍诉之。珍亦怒，以唐宾为无礼，拔剑斩之，遣骑白全忠，云唐宾谋叛。淮南左司马敬翔，恐全忠乘怒，仓猝处置违宜，故留使者，逮夜，然后从容白之，全忠果大惊。翔因为画策，诈收唐宾妻子系狱，遣骑往慰抚，全忠从之，军中始安。秋，七月，全忠如萧县，未至，珍出迎，命武士执之，责以专杀而诛之。诸将霍存等数十人叩头为之请，全忠怒，以床掷之，乃退。丁未，至萧县，以庞师古代珍为都指挥使。八月，丙子，全忠进攻时溥壁，会大雨，引兵还。

冬，十月，平卢节度使王敬武薨。子师范，年十六，军中推为留后，棣州刺史张蟾不从。诏以太子少师崔安潜兼侍中，充平卢节度使。蟾迎安潜至州，与之共讨师范。

以给事中杜孺休为苏州刺史，钱镠不悦，以知州事沈粲为制置指挥使。

杨行密遣马步都虞候田頵等攻常州。

十一月，上改名晔。

上将祀圜丘。故事，中尉、枢密皆褛衫侍从。僖宗之世，已具襕笏。至是，又令有司制法服，孔纬及谏官、礼官皆以为不可，上出手札谕之曰：『卿等所论至当。事有从权，勿以小瑕，遂妨大礼。』于是宦官始服剑佩侍祠。己酉，祀圜丘，赦天下。上在藩邸，素疾宦官，及即位，杨复恭恃援立功，所为多不法，上意不平。政事多谋于宰相，孔纬、张浚劝上举大中故事，抑宦者权。复恭常乘肩舆至太极殿。他日，上与宰相言及四方反者，孔纬曰：『陛下左右有将反者，况四方乎！』上矍然问之，纬指复恭曰：『复恭陛下家奴，乃肩舆造前殿，多养壮士为假子，使典禁兵，或为方镇，非反而何！』复恭曰：『子壮士，欲以收士心，卫国家，岂反邪！』上曰：『卿欲卫国家，何不使姓李而姓杨乎？』复恭无以对。复恭假子天威军使杨守立，本姓胡，名弘立，勇冠六军，人皆畏之。上欲讨复恭，恐守立作乱，谓复恭：『朕欲得卿胡子在左右。』复恭见守立于上，上赐姓名李顺节，使掌六军管钥，不期年，擢至天武都头，领镇海节度使，俄加同平章事。及谢日，台吏申请班见百僚，孔纬判不集。顺节至中书，色不悦。他日，语微及之，纬曰：『宰相师长百僚，故有班见。相公职为都头，而于政事堂班见百僚，于意安乎？』顺节不敢复言。朱全忠求领盐铁，孔纬独执以为不可，谓进奏吏曰：『朱公须此职，非兴兵不可！』全忠乃止。

田頵攻常州，为地道入城。中宵，旌旗甲兵出于制置使杜稜之寝室，遂虏之，以兵

三万戍常州。

朱全忠遣庞师古将兵自颍上趋淮南，击孙儒。

十二月，甲子，王建败山行章及西川骑将宋行能于广都。行能奔还成都，行章退守眉州。壬申，行章请降于建。

戊寅，孙儒自广陵引兵渡江，壬午，逐田頵，取常州，以刘建锋守之。儒还广陵，建锋又逐成及，取润州。

前山南东道节度使刘巨容之在襄阳也，有申屠生教之烧药为黄金。田令孜之弟过襄阳，巨容出金示之。及寓居成都，令孜求其方，不与，恨之，是岁，令孜杀巨容，灭其族。

大顺元年（庚戌，公元八九〇年）

春，正月，戊子朔，群臣上尊号曰圣文睿德光武弘孝皇帝；改元。

李克用急攻邢州，孟迁食竭力尽，执王虔裕及汴兵以降。克用以安金俊为邢洺团练使。

壬寅，王建攻邛州，陈敬瑄遣其大将彭城杨儒将兵三千，助刺史毛湘守之，湘出战，屡败。杨儒登城，见建兵盛，叹曰：『唐祚尽矣！王公治众，严而不残，殆可以庇

民乎！』遂帅所部出降。建养以为子，更其姓名曰王宗儒。乙巳，建留永平节度判官张琳为邛南招安使，引兵还成都。琳，许州人也。陈敬瑄分兵布寨于犀浦、郫、导江等县，发城中民户一丁，昼则穿重壕，采竹木，运砖石；夜则登城，击柝巡警，无休息。

韦昭度营于唐桥，王建营于东阊门外。建事昭度甚谨。辛亥，简州将杜有迁执刺史员虔嵩降于建，建以有迁知州事。

汴将庞师古等众号十万。渡淮，声言救杨行密，攻下天长；壬子，下高邮。

二月，己未，资州将侯元绰执刺史杨戡降于王建，建以元绰知州事。

乙丑，加朱全忠守中书令。

庞师古引兵深入淮南，己巳，与孙儒战于陵亭，师古兵败而还。

杨行密遣其将马敬言将兵五千，乘虚袭据润州。李友将兵二万屯青城，将攻常州。安仁义、刘威、田頵败刘建锋于武进，敬言、仁义、威屯润州。友，合肥人；威，慎县人也。

李克用将兵攻云州防御使赫连铎，克其东城。铎求救于卢龙节度使李匡威，匡威将兵三万赴之。丙子，邢洺团练使安金俊中流矢死，河东万胜军使申信叛降于铎。会幽州军至，克用引还。

时溥求救于河东，李克用遣其将石君和将五百骑赴之。

李克用巡潞州，以供具不厚，怒昭义节度使李克修，诟而笞之。克修惭愤成疾，三月，薨。克用表其弟决胜军使克恭为昭义留后。

赐宣歙军号宁国，以杨行密为节度使。

夏，四月，宿州将张筠逐刺史张绍光，附于时溥；朱全忠帅诸军讨之。溥出兵掠砀山，全忠遣牙内都指挥使朱友裕击之，杀三千馀人，擒石君和。友裕，全忠之子也。

乙丑，陈敬瑄遣蜀州刺史任从海将兵二万救邛州，战败，欲以蜀州降王建。敬瑄杀之，以徐公鉥代为蜀州刺史。丙寅，嘉州刺史朱实举州降于建。丙子，夔道土豪文武坚执戎州刺史谢承恩降于建。

赫连铎、李匡威表请讨李克用。朱全忠亦上言：『克用终为国患，今因其败，臣请帅汴、滑、孟三军，与河北三镇共除之。乞朝廷命大臣为统帅。』

初，张浚因杨复恭以进，复恭中废，更附田令孜而薄复恭。及复恭再用事，深恨之。上知浚与复恭有隙，特亲倚之。浚亦以功名为己任，每自比谢安、裴度。克用之讨黄巢屯河中也，浚为都统判官。克用薄其为人，闻其作相，私谓诏使曰：『张公好虚谈而无实用，倾覆之士也。主上采其名而用之，他日交乱天下，必是人也。』浚闻而衔之。上从容与浚论古今治乱，浚曰：『陛下英睿如此，而中外制于强臣，此臣日夜所痛心疾首也。』上问以当今所急，对曰：『莫若强兵以服天下。』上于是广募兵于京师，至十万人。

及全忠等请讨克用，上命三省、御史台四品以上议之，以为不可者什六七，杜让能、刘崇望亦以为不可。浚欲倚外势以挤杨复恭，乃曰：『先帝再幸山南，沙陀所为也。臣常虑其与河朔相表里，致朝廷不能制。今两河藩镇共请讨之，此千载一时。但乞陛下付臣兵柄，旬月可平。失今不取，后悔无及。』孔纬曰：『浚言是也。』复恭曰：『先朝播迁，虽藩镇跋扈，亦由居中之臣措置未得其宜。今宗庙甫安，不宜更造兵端。』上曰：『克用有兴复大功，今乘其危而攻之，天下其谓我何？』纬曰：『陛下所言，一时之体也；张浚所言，万世之利也。昨计用兵、馈运、犒赏之费，一二年间未至匮乏，在陛下断志行之耳。』上以二相言叶，僶俛从之，曰：『兹事今付卿二人，无贻朕羞！』五月，诏削夺克用官爵、属籍，以浚为河东行营都招讨制置宣慰使，京兆尹孙揆副之，以镇国节度使韩建为都虞候兼供军粮料使，以朱全忠为南面招讨使，王镕为东面招讨使，李匡威为北面招讨使，赫连铎副之。浚奏给事中牛徽为行营判官，徽曰：『国家以丧乱之馀，欲为英武之举，横挑强寇，离诸侯心，吾见其颠沛也！』遂以衰疾固辞。

徽，僧孺之孙也。

李克恭骄恣不晓军事。潞人素乐李克修之简俭，且死非其罪，潞人怜之，由是将士离心。初，潞人叛孟氏，牙将安居受等召河东兵以取潞州。及孟迁以邢、洺、磁州归李克用，克用宠任之，以迁为军城都虞候，群从皆补右职，居受等咸怨且惧。昭义有精兵，号『后院将』。克用既得三州，将图河朔，令李克恭选后院将尤骁勇者五百人送晋阳，潞人惜之。克恭遣牙将李元审及小校冯霸部送晋阳，至铜鞮，霸劫其众以叛，循山而南，至于沁水，众已三千人。李元审击之，为霸所伤，归于潞。庚子，克恭就元审所馆视之，安居受帅其党作乱，攻而焚之，克恭、元审皆死。众推居受为留后，附于朱全忠。居受使召冯霸，不至。居受惧，出走，为野人所杀。霸引兵入潞，自为留后。

时朝廷方讨克用，闻克恭死，朝臣皆贺。全忠遣河阳留后朱崇节将兵入潞州，权知留后。克用遣康君立、李存孝将兵围之。

壬子，张浚帅诸军五十二都及邠、宁、鄜、夏杂虏合五万人发京师，上御安喜楼饯之。浚屏左右言于上曰：『俟臣先除外忧，然后为陛下除内患。』杨复恭窃听，闻之。两军中尉饯浚于长乐坂，复恭属浚酒，浚辞以醉，复恭戏之曰：『相公杖钺专征，作态邪？』浚曰：『俟平贼还，方见作态耳！』复恭益忌之。

癸丑，削夺李罕之官爵。六月，以孙揆为昭义节度使，充招讨副使。

丁巳，茂州刺史李继昌帅众救成都，己未，王建击斩之。辛酉，资简都制置应援使谢从本杀雅州刺史张承简，举城降建。

孙儒求好于朱全忠，全忠表为淮南节度使。未几，全忠杀其使者，遂复为仇敌。

光启末，德州刺史卢彦威逐义昌节度使杨全玫，自称留后，求旌节，朝廷未许。至是，王镕、罗弘信因张浚用兵，为之请，乃以彦威为义昌节度使。

张浚会宣武、镇国、静难、凤翔、保大、定难诸军于晋州。

更命义成军曰宣义。辛未，以朱全忠为宣武、宣义节度使。全忠以方有事徐、杨，征兵遣戍，殊为辽阔，乃辞宣义，请以胡真为节度使，从之。然兵赋出入，皆制于全忠，一如巡属。及胡真入为统军，竟以全忠为两镇节度使，罢淮南不领焉。

秋，七月，官军至阴地关，朱全忠遣骁将葛从周将千骑，潜自壶关夜抵潞州，犯围入城。又遣别将李谠、李重胤、邓季筠将兵攻李罕之于泽州，又遣张全义、朱友裕军于泽州之北，为从周应援。季筠，下邑人也。全忠奏：『臣已遣兵守潞州，请孙揆赴镇。』张浚亦恐昭义遂为汴人所据，分兵二千，使揆将之趣潞州。八月，乙丑，揆发晋州，李存孝闻之，以三百骑伏于长子西谷中。揆建牙杖节，褒衣大盖，拥众而行。存孝突出，

擒揆及赐旌节中使韩归范、牙兵五百馀人，追击馀众于刁黄岭，尽杀之。存孝械揆及归范，⿰纟斥以素练，徇于潞州城下曰：『朝廷以孙尚书为潞帅，命韩天使赐旌节，葛仆射可速归大梁，令尚书视事。』遂⿰纟斥以献于克用。克用囚之，既而使人诱之，欲以为河东副使。揆曰：『吾天子大臣，兵败而死，分也，岂能伏事镇使邪！』克用怒，命以锯锯之，锯不能入。揆骂曰：『死狗奴！锯人当用板夹，汝岂知邪！』乃以板夹之，至死，骂不绝声。

丙寅，孙儒攻润州。

苏州刺史杜孺休到官，钱镠密使沈粲害之。会杨行密将李友拔苏州，粲归杭州。镠欲归罪于粲而杀之，粲奔孙儒。

王建退屯汉州。

陈敬瑄括富民财以供军，置征督院，逼以桎梏棰楚，使各自占。凡有财者如匿赃、虚占，急征，咸不聊生。

李罕之告急于李克用，克用遣李存孝将五千骑救之。

九月，壬寅，朱全忠军于河阳。汴军之初围泽州也，呼李罕之曰：『相公每恃河东，轻绝当道。今张相公围太原，葛仆射入潞府，旬日之间，沙陀无穴自藏，相公何路

求生邪！』及李存孝至，选精骑五百，绕汴寨呼曰：『我，沙陀之求穴者也，欲得尔肉以饱士卒，可令肥者出斗！』汴将邓季筠，亦骁将也，引兵出战，存孝生擒之。是夕，李谠、李重胤收众遁去，存孝、罕之随而击之，至马牢山，大破之，斩获万计，追至怀州而还。存孝复引兵攻潞州，葛从周、朱崇节弃潞州而归。戊申，全忠庭责诸将桡败之罪，斩李谠、李重胤而还。

李克用以康君立为昭义留后，李存孝为汾州刺史。存孝自谓擒孙揆功大，当镇昭义，而君立得之，愤恚不食者数日，纵意刑杀，始有叛克用之志。李匡威攻蔚州，虏其刺史邢善益，赫连铎引吐蕃、黠戛斯众数万攻遮虏平，杀其军使刘胡子。克用遣其将李存信击之，不胜；更命李嗣源为存信之副，遂破之。克用以大军继其后，匡威、铎皆败走，获匡威之子武州刺史仁宗及铎之婿，俘斩万计。

李嗣源性谨重廉俭，诸将相会，各自诧勇略，嗣源独默然，徐曰：『诸君喜以口击贼，嗣源但以手击贼耳。』众惭而止。

杨行密以其将张行周为常州制置使。闰月，孙儒遣刘建锋攻拔常州，杀行周，遂围苏州。

邛州刺史毛湘，本田令孜亲吏，王建攻之急，食尽，救兵不至。壬戌，湘谓都知兵

马使任可知曰：『吾不忍负田军容，吏民何罪！尔可持吾头归王建。』乃沐浴以俟刃。可知斩湘及二子降于建，士民皆泣。甲戌，建持永平旌节入邛州，以节度判官张琳知留后。缮完城隍，抚安夷獠，经营蜀、雅。冬，十月，癸未朔，建引兵还成都，蜀州将李行周逐徐公鉥，举城降建。

乙酉，朱全忠自河阳如滑州视事，遣使者请粮马及假道于魏以伐河东，罗弘信不许，又请于镇，镇人亦不许。全忠乃自黎阳济河击魏。

加邠宁节度使王行瑜侍中，佑国节度使张全义同平章事。

官军出阴地关，游兵至于汾州。李克用遣薛志勤、李承嗣将骑三千营于洪洞，李存孝将兵五千营于赵城。镇国节度使韩建以壮士三百夜袭存孝营，存孝知之，设伏以待之。建兵不利，静难、凤翔之兵不战而走，禁军自溃。河东兵乘胜逐北，抵晋州西门。张浚出战，又败，官军死者近三千人。静难、凤翔、保大、定难之军先渡河西归，浚独有禁军及宣武军合万人，与韩建闭城拒守，自是不敢复出。存孝引兵攻绛州，十一月，刺史张行恭弃城走。存孝进攻晋州，三日，与其众谋曰：『张浚宰相，俘之无益；天子禁兵，不宜加害。』乃退五十里而军，浚、建自含口遁去。存孝取晋、绛二州，大掠慈、隰之境。

先是，克用遣韩归范归朝，附表讼冤，言：『臣父子三代，受恩四朝，破庞勋，剪黄巢，黜襄王，存易定，致陛下今日冠通天之冠，佩白玉之玺，未必非臣之力也。若以攻云州为臣罪，则拓跋思恭之取鄜延，朱全忠之侵徐、郓，何独不讨？赏彼诛此，臣岂无辞！且朝廷当阽危之时，则誉臣为韩、彭、伊、吕；及既安之后，则骂臣为戎、羯、胡、夷。今天下握兵立功之人，独不惧陛下他日之骂乎！况臣果有大罪，六师征之，自有典刑，何必幸臣之弱而后取之邪！今张浚既出师，则固难束手，已集蕃、汉兵五十万，欲直抵蒲、潼，与浚格斗；若其不胜，甘从削夺。不然，方且轻骑叩阍，顿首丹陛，诉奸回于陛下之扆坐，纳制敕于先帝之庙庭，然后自拘司败，恭俟鈇锧。』表至，浚已败，朝廷震恐。浚与韩建逾王屋至河阳，撤民屋为筏以济河，师徒失亡殆尽。是役也，朝廷倚朱全忠及河朔三镇；及浚至晋州，全忠方连兵徐、郓，虽遣将攻泽州而身不至。行营乃求兵粮于镇、魏，镇、魏倚河东为扞蔽，皆不出兵；惟华、邠、凤翔、鄜、夏之兵会之。兵未交而孙揆被擒，幽、云俱败，杨复恭复从中沮之，故浚军望风自溃。

十二月，己丑，孙儒拔苏州，杀李友。安仁义等闻之，焚润州庐舍，夜遁。儒使沈粲守苏州，又遣其将归传道守润州。

辛丑，汴将丁会、葛从周击魏，渡河，取黎阳、临河，庞师古、霍存下淇门、卫

县，朱全忠自以大军继之。

是岁，置升州于上元县，以张雄为刺史。

二年（辛亥，公元八九一年）

春，正月，罗弘信军于内黄。丙辰，朱全忠击之，五战皆捷，到永定桥，斩首万馀级。弘信惧，遣使厚币请和。全忠命止焚掠，归其俘，还军河上。魏博自是服于汴。

庚申，制以太保、门下侍郎、同平章事孔纬为荆南节度使，中书侍郎、同平章事张浚为鄂岳观察使。以翰林学士承旨、兵部侍郎崔昭纬同平章事，御史中丞徐彦若为户部侍郎、同平章事。昭纬，慎由从子；彦若，商之子也。杨复恭使人劫孔纬于长乐坡，斩其旌节，资装俱尽，纬仅能自免。李克用复遣使上表曰：『张浚以陛下万代之业，邀自己一时之功，知臣与朱温深仇，私相连结。臣今身无官爵，名是罪人，不敢归陛下藩方，且欲于河中寄寓，进退行止，伏俟指麾。』诏再贬孔纬均州刺史，张浚连州刺史。赐克用诏，悉复其官爵，使归晋阳。孙儒尽举淮、蔡之兵济江，癸酉，自润州转战而南，田頵、安仁义屡败退，杨行密城戍皆望风奔溃。儒将李从立奄至宣州东溪，行密守备尚未固，众心危惧，夜，使其将合肥台濛将五百人屯溪西，濛使士卒传呼，往返数四，从立以为大众继至，遽引去。儒前军至溧水，行密使都指挥使李神福拒之。神福阳退以示怯，儒军不设备，神福夜帅精兵袭之，俘斩千人。

二月，加李克用守中书令，复李罕之官爵；再贬张浚绣州司户。

韦昭度将诸道兵十馀万讨陈敬瑄，三年不能克，馈运不继，朝议欲息兵。三月，乙亥，制复敬瑄官爵，令顾彦朗、王建各帅众归镇。

王师范遣都指挥使卢弘击棣州刺史张蟾，弘引兵还攻师范，师范使人以重赂迎之，曰：『师范童呆，不堪重任，愿得避位，使保首领，公之仁也。』弘以师范年少，信之，不设备。师范密谓小校安丘刘鄩曰：『汝能杀弘，吾以汝为大将。』弘入城，师范伏甲而享之，鄩杀弘于座及其党数人。师范慰谕士卒，厚赏重誓，自将以攻棣州，执张蟾，斩之。崔安潜逃归京师。师范以鄩为马步副都指挥使。诏以师范为平卢节度使。师范和谨好学，每本县令到官，师范辄备仪卫往谒之；令不敢当，师范命客将挟持，令坐于听事，自称『百姓王师范』，拜之于庭。僚佐或谏，师范曰：『吾敬桑梓，所以教子孙不忘本也。』

张浚至蓝田，逃奔华州依韩建，与孔纬密求救于朱全忠。全忠上表为纬、浚讼冤，朝廷不得已，并听自便。纬至商州而还，亦寓居华州。

邢洺节度使安知建潜通朱全忠，李克用表以李存孝代之。知建惧，奔青州，朝廷以

知建为神武统军。知建帅麾下三千人将诣京师，过郓州。朱瑄与克用方睦，伏兵河上，斩之，传首晋阳。

夏，四月，有彗星见于三台，东行入太微，长十丈馀。甲申，赦天下。

成都城中乏食，弃儿满路。民有潜入行营贩米入城者，逻者得之，以白韦昭度，昭度曰：『满城饥甚，忍不救之！』释勿问。亦有白陈敬瑄者，敬瑄曰：『吾恨无术以救饿者，彼能如是，勿禁也。』由是贩者浸多，然所致不过斗升，截筒，径寸半，深五分，量米而鬻之，每筒百馀钱，饿殍狼籍。军民强弱相陵，将吏斩之不能禁；乃更为酷法，或断腰，或斜劈，死者相继而为者不止。人耳目既熟，不以为惧。吏民日窘，多谋出降，敬瑄悉捕其族党杀之，惨毒备至。内外都指挥使、眉州刺史成都徐耕，性仁恕，所全活数千人。田令孜曰：『公掌生杀而不刑一人，有异志邪？』耕惧，夜，取俘囚戮于市。

王建见罢兵制书，曰：『大功垂成，奈何弃之！』谋于周庠，庠劝建请韦公还朝，独攻成都，克而有之。建表称：『陈敬瑄、田令孜罪不可赦，愿毕命以图成功。』昭度无如之何，由是未能东还。建说昭度曰：『今关东藩镇迭相吞噬，此腹心之疾也，相公宜早归庙堂，与天子谋之。敬瑄，疥癣耳，当以日月制之，责建，可办也！』昭度犹豫未决。庚子，建阴令东川将唐友通等擒昭度亲吏骆保于行府门，脔食之，云其盗军粮。昭度大惧，遽称疾，以印节授建，牒建知三使留后兼行营招讨使，即日东还。建送至新都，跪觞马前，泣拜而别。昭度甫出剑门，即以兵守之，不复内东军。昭度至京师，除东都留守。建急攻成都，环城烽堑亘五十里。有狗屠王鹞，请诈得罪亡入城说之，使上下离心，建遣之。鹞入见陈敬瑄、田令孜，则言『建兵疲食尽，将遁矣』，出则鬻茶于市，阴为吏民称建英武，兵势强盛；由是敬瑄等懈于守备而众心危惧。建又遣其将京兆郑渥诈降以觇之，敬瑄以为将，使乘城，既而复以诈得归。建由是悉知城中虚实，以渥为亲从都指挥使，更姓名曰王宗渥。

以武安节度使周岳为岭南西道节度使。

李克用大举击赫连铎，败其兵于河上，进围云州。

杨行密遣其将刘威、朱延寿将兵三万击孙儒于黄池，威等大败。延寿，舒城人也。孙儒军于黄池，五月，大水，诸营皆没，乃还扬州，使其将康暀据和州，安景思据滁州。

丙午，立皇子祐为德王。

杨行密遣其将李神福攻和、滁，康暀降，安景思走。

秋，七月，李克用急攻云州，赫连铎食尽，奔吐谷浑部，既而归于幽州。克用表大将石善友为大同防御使。

朱全忠遣使与杨行密约共攻孙儒。儒恃其兵强，欲先灭行密，后敌全忠，移牒藩镇，数行密、全忠之罪，且曰：『俟平宣、汴，当引兵入朝，除君侧之恶。』于是悉焚扬州庐舍，尽驱丁壮及妇女渡江，杀老弱以充食。行密将张训、李德诚潜入扬州，灭馀火，得谷数十万斛以赈饥民。泗州刺史张谏贷数万斛以给军，训以行密之命馈之，谏由是德行密。

邢洺节度使李存孝劝李克用攻镇州，克用从之。八月，克用南巡泽潞，遂涉怀孟之境。

朱全忠遣其将丁会攻宿州，克其外城。

乙未，孙儒自苏州出屯广德，杨行密引兵拒之。儒围其寨，行密将上蔡李简帅百馀人力战，破寨，拔行密出之。

王建攻陈敬瑄益急，敬瑄出战辄败，巡内州县率为建所取。威戎节度使杨晟时馈之食，建以兵据新都，彭州道绝。敬瑄出，慰勉士卒，皆不应。辛丑，田令孜登城谓建曰：『老夫向于公甚厚，何见困如是？』建曰：『父子之恩岂敢忘！但朝廷命建讨不受

代者，不得不然。倘太师改图，建复何求！』是夕，令孜自携西川印节诣建营授之，将士皆呼万岁。建泣谢，请复为父子如初。先是，建常诱其将士曰：『成都城中繁盛如花锦，一朝得之，金帛子女恣汝曹所取，节度使与汝曹迭日为之耳！』壬寅，敬瑄开门迎建。建署其将张勍为马步斩斫使，使先入城。乃谓将士曰：『吾与汝曹三年百战，今始得城，汝曹不忧不富贵，慎勿焚掠坊市。吾已委张勍护之矣，彼幸执而白我，我犹得赦之；若先斩而后白，吾亦不能救也！』既而士卒有犯令者，勍执百馀人，皆捶其胸而杀之，积尸于市，众莫敢犯。故时人谓勍为『张打胸』。癸卯，建入城，自称西川留后。小校韩武数于使厅上马，牙司止之，武怒曰：『司徒许我迭日为节度使，上马何为！』建密遣人刺杀之。

初，陈敬瑄之拒朝命也，田令孜欲盗其军政，谓敬瑄曰：『三兄尊重，军务烦劳，不若尽以相付，日具记事咨呈，兄但高居自逸而已。』敬瑄素无智能，忻然许之。自是军事皆不由己，以至于亡。建表敬瑄子陶为雅州刺史，使随陶之官，明年，罢归，寓居新津，以一县租赋赡之。

癸丑，建分遣士卒就食诸州，更文武坚姓名曰王宗阮，谢从本曰王宗本。陈敬瑄将佐有器干者，建皆礼而用之。

六军十二卫观军容使、左神策军中尉杨复恭总宿卫兵，专制朝政，诸假子皆为节度使、刺史，又养宦官子六百人，皆为监军。假子龙剑节度使守贞、武定节度使守忠不输贡赋，上表讪薄朝廷。上舅王瓌求节度使，上访于复恭，复恭以为不可。瓌怒，诟之。瓌出入禁中，颇用事，复恭恶之，奏以为黔南节度使。至吉柏津，令山南西道节度使杨守亮覆诸江中，宗族宾客皆死，以舟败闻。上知复恭所为，深恨之。李顺节既宠贵，与复恭争权，尽以复恭阴事告上，上乃出复恭为凤翔监军。复恭愠怼，不肯行，称疾，求致仕。九月，乙卯，以复恭为上将军致仕，赐以几杖。使者致诏命还，复恭潜遣腹心张绾刺杀之。

加护国节度使王重盈兼中书令。

东川节度使顾彦朗薨，军中推其弟彦晖知留后。

冬，十月，壬午，宿州刺史张筠降于丁会。

癸未，以永平节度使王建为西川节度使；甲申，废永平军。建既得西川，留心政事，容纳直言，好施乐士，用人各尽其才，谦恭俭素；然多忌好杀，诸将有功名者，多因事诛之。

杨复恭居第近玉山营，假子守信为玉山军使，数往省之。或告复恭与守信谋反，乙酉，上御安喜楼，陈兵自卫，命天威都将李顺节、神策军使李守节将兵攻其第。张绾帅家众拒战，守信引兵助之，顺节等不能克。丙戌，禁兵守含光门，俟其开，欲出掠两市，遇刘崇望，立马谕之曰：『天子亲在街东督战，汝曹皆宿卫之士，当于楼前杀贼立功，勿贪小利，自取恶名。』众皆曰：『诺。』遂从崇望而东。守信之众望见兵来，遂溃走。守信与复恭挈其族自通化门出，趣兴元，永安都头权安追之，擒张绾，斩之。复恭至兴元，杨守亮、杨守忠、杨守贞及绵州刺史杨守厚同举兵拒朝廷，以讨李顺节为名。守厚，亦复恭假子也。

李克用攻王镕，大破镇兵于龙尾岗，斩获万计，遂拔临城，攻元氏、柏乡；李匡威引幽州兵救之。克用大掠而还，军于邢州。

十一月，曹州都将郭铢杀刺史郭词，降于朱全忠。

泰宁节度使朱瑾将万馀人攻单州。

乙丑，时溥将刘知俊帅众二千降于朱全忠。知俊，沛人，徐之骁将也。溥军自是不振。

全忠以知俊为左右开道指挥使。

辛未，寿州将刘弘鄂恶孙儒残暴，举州降朱全忠。

十二月，乙酉，汴将丁会、张归霸与朱瑾战于金乡，大破之，杀获殆尽，瑾单骑走

免。

天威都将李顺节恃恩骄横，出入常以兵自随。两军中尉刘景宣、西门君遂恶之，白上，恐其作乱。戊子，二人以诏召顺节，顺节入至银台门，二人邀顺节于仗舍坐语，供奉官似先知自后斩其首，从者大噪而出。于是天威、捧日、登封三都大掠永宁坊，至暮乃定，百官表贺。

孙儒焚掠苏、常，引兵逼宣州，钱鏐复遣兵据苏州。儒屡破杨行密之兵，旌旗辎重亘百馀里。行密求救于钱鏐，鏐以兵食助之。

以顾彦晖为东川节度使，遣中使宋道弼赐旌节。杨守亮使杨守厚囚道弼，夺其旌节，发兵攻梓州。癸卯，彦晖求救于王建；甲辰，建遣其将华洪、李简、王宗侃、王宗弼救东川。建密谓诸将曰：『尔等破贼，彦晖必犒师，汝曹于行营报宴，因而执之，无烦再举。』宗侃破守厚七砦，守厚走归绵州。彦晖具犒礼，诸将报宴，宗弼以建谋告之，彦晖乃以疾辞。

初，李茂贞养子继臻据金州，均州刺史冯行袭攻下之，诏以行袭为昭信防御使，治金州。杨守亮欲自金、商袭京师，行袭逆击，大破之。

是岁，赐泾原军号曰彰义，增领渭、武二州。

福建观察使陈岩疾病，遣使以书召泉州刺史王潮，欲授以军政，未至而岩卒。岩妻弟都将范晖讽将士推己为留后，发兵拒潮。

资治通鉴卷第二百五十九

唐纪七十五 起玄黓困敦，尽阏逢摄提格，凡三年。

昭宗圣穆景文孝皇帝上之中

景福元年（壬子，公元八九二年）

春，正月，丙寅，赦天下，改元。

凤翔李茂贞、静难王行瑜、镇国韩建、同州王行约、秦州李茂庄五节度使上言：杨守亮容匿叛臣杨复恭，请出军讨之，乞加茂贞山南西道招讨使。朝议以茂贞得山南，不可复制，下诏和解之，皆不听。

王镕、李匡威合兵十余万攻尧山，李克用遣其将李嗣勋击之，大破幽、镇兵，斩获三万。

杨行密谓诸将曰：『孙儒之众十倍于我，吾战数不利，欲退保铜官，何如？』刘威、李神福曰：『儒扫地远来，利在速战。宜屯据险要，坚壁清野以老其师，时出轻骑抄其馈饷，夺其俘掠。彼前不得战，退无资粮，可坐擒也。』戴友规曰：『儒与我相持数年，胜负略相当。今悉众致死于我，我若望风弃城，正堕其计。淮南士民从公渡江及自儒军来降者甚众，公宜遣将先护送归淮南，使复生业，儒军闻淮南安堵，皆有思归之心，人心既摇，安得不败！』行密悦，从之。友规，庐州人也。

威戎节度使杨晟与杨守亮等约攻王建，二月，丁丑，晟出兵掠新繁、汉州之境，使其将吕尧将兵二千会杨守厚攻梓州；建遣行营都指挥使李简击尧，斩之。

戊寅，朱全忠出兵击朱瑄，遣其子友裕将兵前行，军于斗门。

李茂贞、王行瑜擅举兵击兴元。茂贞表求招讨使不已，遗杜让能、西门君遂书，陵蔑朝廷。上意不能容，御延英，召宰相、谏官议之。时宦官有阴与二镇相表里者，宰相相顾不敢言，上不悦。给事中牛徽曰：『先朝多难，茂贞诚有翼卫之功；诸杨阻兵，亟出攻讨，其志亦在疾恶，但不当不俟诏命耳。比闻兵过山南，杀伤至多。陛下倘不以招讨使授之，使用国法约束，则山南之民尽矣。』上曰：『此言是也。』乃以茂贞为山南西道招讨使。

甲申，朱全忠至卫南，朱瑄将步骑万人袭斗门，朱友裕弃营走，瑄据其营。全忠不知，乙酉，引兵趣斗门，至者皆为郓人所杀。全忠退军瓠河，丁亥，瑄击全忠，大破之，全忠走。张归厚于后力战，全忠仅免，副使李璠等皆死。

朱全忠奏贬河阳节度使赵克裕，以佑国节度使张全义兼河阳节度使。

孙儒围宣州。初，刘建锋为孙儒守常州，将兵从儒击杨行密，甘露镇使陈可言帅部

兵千人据常州。行密将张训引兵奄至城下，可言仓猝出迎，训手刃杀之，遂取常州。行密别将又取润州。

朱全忠连年攻时溥，涂、泗、濠三州民不得耕获，衮、郓、河东兵救之，皆无功，复值水灾，人死者什六七。溥困甚，请和于全忠，全忠曰：「必移镇乃可。」溥许之。全忠乃奏请移溥佗镇，仍命大臣镇徐州。诏以门下侍郎、同平章事刘崇望同平章事，充感化节度使，以溥为太子太师。溥恐全忠诈而杀之，据城不奉诏，崇望及华阴而还。

忠义节度使赵德諲薨，子匡凝代之。

范晖骄侈失众心，王潮以从弟彦复为都统，弟审知为都监，将兵攻福州。民自请输米饷军，平湖洞及滨海蛮夷皆以兵船助之。

辛丑，王建遣族子嘉州刺史宗裕、雅州刺史王宗侃、威信都指挥使华洪、茂州刺史王宗瑶将兵五万攻彭州，杨晟逆战而败，宗裕等围之。杨守亮遣其将符昭救晟，径趋成都，营三学山。建亟召华洪还。洪疾驱而至，后军尚未集，以数百人夜去昭营数里，多击更鼓；昭以为蜀军大至，引兵宵遁。

三月，以户部尚书郑延昌为中书侍郎、同平章事。延昌，从谠之从兄弟也。

左神策勇胜三都都指挥使杨子实、子迁、子钊，皆守亮之假子也，自渠州引兵救杨

晟，知守亮必败，壬子，帅其众二万降于王建。

李克用、王处存合兵攻王镕，癸丑，拔天长镇。戊午，镕与战于新市，大破之，杀获三万余人；辛酉，克用退屯栾城。诏和解河东及镇、定、幽四镇。

杨晟遣杨守贞、杨守忠、杨守厚书，使攻东川以解彭州之围，守贞等从之。神策督将窦行实戍梓州，守厚密诱之为内应；守厚至涪城，行实事泄，顾彦晖斩之。守厚遁去。守贞、守忠军至，无所归，盘桓绵、剑间，王建遣其将吉谏袭守厚，破之。癸亥，西川将李简邀击守忠于钟阳，斩获三千余人。夏，四月，简又破守厚于铜锌，斩获三千余人，降万五千人；守忠、守厚皆走。

乙酉，置武胜军于杭州，以钱镠为防御使。

天威军使贾德晟，以李顺节之死，颇怨愤，西门君遂恶之，奏而杀之。德晟麾下千余骑奔凤翔，李茂贞由是益强。

李匡威出兵侵云、代，壬寅，李克用始引兵还。

时溥遣兵南侵，至楚州，杨行密将张训、李德诚败之于寿河，遂取楚州，执其刺史刘瓒。

五月，加邠宁节度使王行瑜兼中书令。

杨行密屡败孙儒兵，破其广德营，张训屯安吉，断其粮道。儒食尽，士卒大疫，遣其将刘建锋、马殷分兵掠诸县。六月，行密闻儒疾疟，戊寅，纵兵击之。会大雨、晦冥，儒军大败，安仁义破儒五十馀寨，田頵擒儒于陈，斩之，传首京师，儒众多降于行密。刘建锋、马殷收馀众七千，南走洪州，推建锋为帅，殷为先锋指挥使，以行军司马张佶为谋主，比至江西，众十馀万。

丁酉，杨行密帅众归扬州；秋，七月，丙辰，至广陵，表田頵守宣州，安仁义守润州。

先是，扬州富庶甲天下，时人称扬一、益二，及经秦、毕、孙、杨兵火之馀，江、淮之间，东西千里扫地尽矣。

王建围彭州，久不下，民皆窜匿山谷；诸寨日出俘掠，谓之『淘虏』，都将先择其善者，馀则士卒分之，以是为常。

有军士王先成者，新津人，本书生也，世乱，为兵，度诸将惟北寨王宗侃最贤，乃往说之曰：『彭州本西川之巡属也，陈、田召杨晟，割四州以授之，伪署观察使，与之共拒朝命。今陈、田已平而晟犹据之，州民皆知西川乃其大府而司徒乃其主也，故大军始至，民不入城而入山谷避之，以俟招安。今军至累月，未闻招安之命，军士复从而掠之，与盗贼无异，夺其资财，驱其畜产，分其老弱妇女以为奴婢，使父子兄弟流离愁怨；其在山中者暴露于暑雨，残伤于蛇虎，孤危饥渴，无所归诉。彼始以杨晟非其主而不从，今司徒不加存恤，彼更思杨氏矣。』宗侃恻然，不觉屡移其床前问之，先成曰：『又有甚于是者，今诸寨每旦出六七百人，入山淘虏，薄暮乃返，曾无守备之意，赖城中无人耳，万一有智者为之画策，使乘虚奔突，先伏精兵千人于门内，登城望淘虏者稍远，出弓弩手、炮手各百人，攻寨之一面，随以役卒五百，负薪土填壕为道，然后出精兵奋击，且焚其寨；又于三面城下各出耀兵，诸寨咸自备御，无暇相救，城中得以益兵继出，如此，能无败乎！』宗侃矍然曰：『此诚有之，将若之何？』

先成请条列为状以白王建，宗侃即命先成草之，大指言：『今所白之事，须四面通共，宗侃所司止于北面，或所白可从，乞以牙举施行。』事凡七条：『其一，乞招安山中百姓。其二，乞禁诸寨军士及子弟无得一人辄出淘虏，仍表诸寨之旁七里内听樵牧，敢越表者斩。其三，乞置招安寨，中容数千人，以处所招百姓，宗侃请选所部将校谨干者为招安将，使将三十人昼夜执兵巡卫。其四，招安之事须委一人总领，今榜帖既下，诸寨必各遣军士入山招安，百姓见之无不惊疑，如鼠见狸，谁肯来者！欲招之必有其术，愿降帖付宗侃专掌其事。其五，乞严勒四寨指挥使，悉索前日所虏彭州男女老幼集

于营场，有父子、兄弟、夫妇自相认者即使相从，牒具人数，部送招安寨，有敢私匿一人者斩；仍乞勒府中诸营，亦令严索，有自军前先寄归者，量给资粮，悉部送归招安寨。其六，乞置九陇行县于招安寨中，以前南郑令王丕摄县令，设置曹局，抚安百姓，择其子弟之壮者，给帖使自入山招其亲戚；彼知司徒严禁侵掠，前日为军士所虏者，皆获安堵，必欢呼踊跃，相帅下山，如子归母，不日尽出。其七，彭州土地宜麻，百姓未入山时多沤藏者，宜令县令晓谕，各归田里，出所沤麻鬻之，以为资粮，必渐复业。』建得之大喜，即行之，悉如所申。

明日，榜帖至，威令赫然，无敢犯者。三日，山中民竞出，赴招安寨如归市，寨不能容，斥而广之；浸有市井，又出麻鬻之。民见村落无抄暴之患，稍稍辞县令，复故业。月馀，招安寨皆空。

己巳，李茂贞克凤州，感义节度使满存奔兴元。茂贞又取兴、洋二州，皆表其子弟镇之。

八月，以杨行密为淮南节度使、同平章事，以田頵知宣州留后，安仁义为润州刺史。

孙儒降兵多蔡人，行密选其尤勇健者五千人，厚其禀赐，以皂衣蒙甲，号『黑云都』，每战，使之先登陷陈，四邻畏之。

行密以用度不足，欲以茶盐易民布帛，掌书记舒城高勖曰：『兵火之馀，十室九空，又渔利以困之，将复离叛。不若悉我所有易邻道所无，足以给军；进贤守令劝课农桑，数年之间，仓库自实。』行密从之。田頵闻之曰：『贤者之言，其利远哉！』行密驰射武伎，皆非所长，而宽简有智略，善抚御将士，与同甘苦，推心待物，无所猜忌。尝早出，从者断马鞦，取其金，行密知而不问，他日，复早出如故，人服其度量。淮南被兵六年，士民转徙几尽；行密初至，赐与将吏，帛不过数尺，钱不过数百，而能以勤俭足用，非公宴，未尝举乐。招抚流散，轻徭薄敛，未及数年，公私富庶，几复承平之旧。

李克用北巡至天宁军，闻李匡威、赫连铎将兵八万寇云州，遣其将李君庆发兵于晋阳。克用潜入新城，伏兵于神堆，擒吐谷浑逻骑三百；匡威等大惊。丙申，君庆以大军至，克用迁入云州。丁酉，出击匡威等，大破之。己亥，匡威等烧营而遁；追至天成军，斩获不可胜计。

辛丑，李茂贞攻拔兴元，杨复恭、杨守亮、杨守信、杨守贞、杨守忠、满存奔阆州。茂贞表其子继密权知兴元府事。

九月，加荆南节度使成汭同平章事。

时溥迫监军奏称将士留己，冬，十月，复以溥为侍中、感化节度。朱全忠奏请追溥新命；诏谕解之。

初，邢、洺、磁州留后李存孝，与李存信俱为李克用假子，不相睦。存信有宠于克用，存孝在邢州，欲立大功以胜之，乃建议取镇冀；存信从中沮之，不时听许。及王镕围尧山，存孝救之，不克。克用以存信为蕃、马步都指挥使，与存孝共击之，二人互相猜忌，逗留不进；克用更遣李嗣勋等击破之。存信还，谮存孝无心击贼，疑与之有私约。存孝闻之，自以有功于克用，而信任顾不及存信，愤怨，且惧及祸，乃潜结王镕及朱全忠，上表以三州自归于朝廷，乞赐旌节及会诸道兵讨李克用；诏以存孝为邢、洺、磁节度使，不许会兵。

十一月，时溥濠州刺史张璲、泗州刺史张谏以州附于朱全忠。

乙未，朱全忠遣其子友裕将兵十万攻濮州，拔之，执其刺史邵伦，遂令友裕移兵击时溥。

孙儒将王坛陷婺州，刺史蒋瑰奔越州。

庐州刺史蔡俦发杨行密祖父墓，与舒州刺史倪章连兵，遣使送印于朱全忠以求救。全忠恶其反覆，纳其印，不救，且牒报行密；行密谢之。行密遣行营都指挥使李神福将兵讨俦。

《宣明历》浸差，太子少詹事边冈造新历成，十二月，上之。命曰《景福崇玄历》。

壬午，王建遣其将华洪击杨守亮于阆州，破之。建遣节度押牙延陵郑顼使于朱全忠；全忠问剑阁，顼极言其险。全忠不信，顼曰：『苟不以闻，恐误公军机。』全忠大笑。

是岁，明州刺史钟文季卒，其将黄晟自称刺史。

二年（癸丑，公元八九三年）

春，正月，时溥遣兵攻宿州，刺史郭言战死。

东川留后顾彦晖既与王建有隙，李茂贞欲抚之使从己，奏请更赐彦晖节，诏以彦晖为东川节度使，茂贞又奏遣知兴元府事李继密救梓州，未几，建遣兵败东川、凤翔之兵于利州，彦晖求和，请与茂贞绝。乃许之。

凤翔节度使李茂贞自请镇兴元，诏以茂贞为山南西道兼武定节度使，以中书侍郎、同平章事徐彦若同平章事，充凤翔节度使，又割果、阆二州隶武定军。茂贞欲兼得凤翔，不奉诏。

二月，甲戌，加西川节度使王建同平章事。

李克用引兵围邢州，王镕遣牙将王藏海致书解之，克用怒，斩藏海，进兵击镕，败镇兵于平山，辛巳，攻天长镇，旬日不下。镕出兵三万救之，克用逆战于叱日岭下，大破之，斩首万馀级，馀众溃去。河东军无食，脯其尸而啖之。

时溥求救于朱瑾，朱全忠遣其将霍存将骑兵三千军曹州以备之。瑾将兵二万救徐州，存引兵赴之，与朱友裕合击徐、兖兵于石佛山下，大破之，瑾遁归兖州。辛卯，徐兵复出，存战死。

李克用进下井陉，李存孝将兵救王镕，遂入镇州，与镕计事，镕又乞师于朱全忠，全忠方与时溥相攻，不能救，但遗克用书，言『邺下有十万精兵，抑而未进。』克用复书：『傥实屯军邺下，颙望降临；必欲真决雌雄，愿角逐于常山之尾。』甲午，李匡威引兵救镕，败河东兵于元氏，克用引还邢州。镕犒匡威于藁城，辇金帛二十万以酬之。

朱友裕围彭城，时溥数出兵，友裕闭壁不战。朱瑾宵遁，友裕不追，都虞候朱友恭以书谮友裕于全忠。全忠怒，驿书下都指挥使庞师古，使代之将，且按其事。书误达于友裕，友裕大惧，以二千骑逃入山中，潜诣砀山，匿于伯父全昱之所。全忠夫人张氏闻之，使友裕单骑诣汴州见全忠，泣涕拜伏于庭；全忠命左右捽抑，将斩之，夫人趋就抱之，泣曰：『汝舍兵众，束身归罪，无异志明矣。』全忠悟而舍之，使权知许州。友恭，

寿春人李彦威也，幼为全忠家僮，全忠养以为子。张夫人，砀山人，多智略，全忠敬惮之，虽军府事，时与之谋议；或将兵出，中途，夫人以为不可，遣一介召之，全忠立为之返。

庞师古攻佛山寨，拔之，自是徐兵不敢出。

李匡威之救王镕也，将发幽州，家人会别，弟匡筹之妻美，匡威醉而淫之。三月，匡威自镇州还，至博野，匡筹据军府自称留后，以符追行营兵。匡威众溃归，但与亲近留深州，进退无所之，遣判官李抱真入奏，请归京师。京师屡更大乱，闻匡威来，坊市大恐，曰：『金头王来图社稷。』士民或窜匿山谷。王镕德其以己故致失地，迎归镇州，为筑第，父事之。

以渝州刺史柳玭为泸州刺史。柳氏自公绰以来，世以孝悌礼法为士大夫所宗。玭为御史大夫，上欲以为相，宦官恶之，故久谪于外。玭尝戒其子弟曰：『凡门地高，可畏不可恃也。立身行己，一事有失，是得罪重于他人，死无以见先人于地下，此其所以可畏也。门高则骄心易生，族盛则为人所嫉；懿行实才，人未之信，小有玼纇，众皆指之。此其所以不可恃也。故膏粱子弟，学宜加勤，行宜加励，仅得比他人耳！』

王建屡请杀陈敬瑄、田令孜，朝廷不许。夏，四月，乙亥，建使人告敬瑄谋作乱，杀之新津。又告令孜通凤翔书，下狱死。建使节度判官冯涓草表奏之曰：『开匣出虎，孔宣父不责他人；当路斩蛇，孙叔敖盖非利己。专杀不行于阃外，先机恐失于彀中。』涓，宿之孙也。

汴军攻徐州，累月不克。通事官张涛以书白朱全忠云：『进军时日非良，故无功。』全忠以为然，敬翔曰：『今攻城累月，所费甚多，徐人已困，旦夕且下，使将士闻此言，则懈于攻取矣。』全忠乃焚其书。癸未，全忠自将如徐州；戊子，庞师古拔彭城，时溥举族登燕子楼自焚死。己丑，全忠入彭城，以宋州刺史张廷范知感化留后，奏乞朝廷除文臣为节度使。

李匡威在镇州，为王镕完城堑，缮甲兵，训士卒，视之如子。匡威以镕年少，且乐真定土风，潜谋夺之。李抱真自京师还，为之画策，阴以恩施悦其将士。王氏在镇久，镇人爱之，不徇匡威。匡威忌日，镕就第吊之。匡威素服衷甲，伏兵劫之。镕趋抱匡威曰：『镕为晋人所困，几亡矣，赖公以有今日；公欲得四州，此固镕之愿也，不若与公共归府，以位让公，则将士莫之拒矣。』匡威以为然，与镕骈马，陈兵入府。会大风雷雨，屋瓦皆震。匡威入东偏门，镇之亲军闭之，有屠者墨君和自缺垣跃出，拳殴匡威甲士，挟镕于马上，负之登屋。镇人既得镕，攻匡威，杀之，并其族党。镕时年十七，体疏瘦，为君和所挟，颈痛头偏者累日。李匡筹奏镕杀其兄，请举兵复冤；诏不许。

幽州将刘仁恭将兵戍蔚州，过期未代，士卒思归。会李匡筹立，戍卒奉仁恭为帅，还攻幽州，至居庸关，为府兵所败。仁恭奔河东，李克用厚待之。

李神福围庐州；甲午，杨行密自将诣庐州，田頵自宣州引兵会之。初，蔡人张颢以骁勇事秦宗权，后从孙儒，儒败，归行密，行密厚待之，使将兵戍庐州。蔡俦叛，颢更为之用。及围急，颢逾城来降，行密以隶银枪都使袁稹。稹以颢反复，白行密，请杀之，行密恐稹不能容，置之亲军。稹，陈州人也。

王彦复、王审知攻福州，久不下。范晖求救于威胜节度使董昌，昌与陈岩婚姻，发温、台、婺州兵五千救之。彦复、审知以城坚，援兵且至，士卒死伤多，白王潮，欲罢兵更图后举，潮不许。请潮自临行营，潮报曰：『兵尽添兵，将尽添将，兵将俱尽，吾当自来。』彦复、审知惧，亲犯矢石急攻之。五月，城中食尽，晖知不能守，夜，以印授监军，弃城走，援兵亦还。庚子，彦复等入城。辛丑，晖亡抵沿海都，为将士所杀。潮入福州，自称留后，素服葬陈岩，以女妻其子延晦，厚抚其家。汀、建二州降，岭海间群盗二十馀辈皆降溃。

闰月，以武胜防御使钱镠为苏杭观察使。又以扈跸都头曹诚为黔中节度使，耀德都头李铤为镇海军节度使，宣威都头孙惟晟为荆南节度使，六月，以捧日都头陈珮为岭南东道节度使，并同平章事。时李茂贞跋扈，上以武臣难制，欲用诸王代之，故诚等四人皆加恩，解兵柄，令赴镇。

李匡筹出兵攻王镕之乐寿、武强，以报杀匡威之耻。

秋，七月，王镕遣兵救邢州；李克用败之于平山，壬申，进击镇州。镕惧，请以兵粮二十万助攻邢州，克用许之。克用治兵于栾城，合镕兵三万进屯任县，李存信屯琉璃陂。

丁亥，杨行密克庐州，斩蔡俦。左右请发俦父母冢，行密曰：『俦以此得罪，吾何为效之！』

加天雄节度使李茂庄同平章事。

钱镠发民夫二十万及十三都军士筑杭州罗城，周七十里。

升州刺史张雄卒，冯弘铎代之为刺史。

李茂贞恃功骄横，上表及遗杜让能书，辞语不逊。上怒，欲讨之，茂贞又上表，略曰：『陛下贵为万乘，不能庇元舅之一身；尊极九州，不能戮复恭之一竖。』又曰：『今朝廷但观强弱，不计是非。』又曰：『约衰残而行法，随盛壮以加恩；体物锱铢，看人衡纩。』又曰：『军情易变，戎马难羁，唯虑甸服生灵，因兹受祸，未审乘舆播越，自此何之！』上益怒，决讨茂贞，命杜让能专掌其事。让能谏曰：『陛下初临大宝，国步未夷，茂贞近在国门，臣愚以为未宜与之构怨，万一不克，悔之无及。』上曰：『王室日卑，号令不出国门，此乃志士愤痛之秋。药弗瞑眩，厥疾弗瘳。朕不能甘心为孱懦之主，愔愔度日，坐视陵夷。卿但为朕调兵食，朕自委诸王用兵，成败不以责卿！』让能曰：『陛下必欲行之，则中外大臣共宜协力以成圣志，不当独以任臣。』上曰：『卿位居元辅，与朕同休戚，无宜避事！』让能泣曰：『臣岂敢避事！况陛下所欲行者，宪宗之志也；顾时有所未可，势有所不能耳。但恐他日臣徒受晁错之诛，不能弭七国之祸也。敢不奉诏，以死继之！』上乃命让能留中书，计画调度，月馀不归。崔昭纬阴结邠、岐，为之耳目，让能朝发一言，二镇夕必知之。李茂贞使其党纠合市人数百千人，拥观军容使西门君遂马诉曰：『岐帅无罪，不宜致讨，使百姓涂炭。』君遂曰：『此宰相事，非吾所及。』市人又邀崔昭纬、郑延昌肩舆诉之，二相曰：『兹事主上专委杜太尉，吾曹不预知。』市人因乱投瓦石，二相下舆走匿民家，仅自免，丧堂印及朝服。上命捕其唱帅者诛之，用兵之意益坚。京师民或亡匿山谷，严刑所不能禁。八月，以嗣覃

王嗣周为京西招讨使，神策大将军李鐬副之。

丙辰，杨行密遣田頵将宣州兵二万攻歙州；歙州刺史裴枢城守，久不下。时诸将为刺史者多贪暴，独池州团练使陶雅宽厚得民，歙人曰：『得陶雅为刺史，请听命。』行密即以雅为歙州刺史，歙人纳之。雅尽礼见枢，送之还朝。枢，遵庆之曾孙也。

朱全忠命庞师古移兵攻兖州，与朱瑾战，屡破之。

九月，丁卯，以钱镠为镇海节度使。

李存孝夜犯李存信营，虏奉诚军使孙考老。李克用自引兵攻邢州，掘堑筑垒环之。存孝时出兵突击，堑垒不能成。河东牙将袁奉韬密使人谓存孝曰：『大王惟俟堑成即归晋阳，尚书所惮者独大王耳，诸将非尚书敌也。大王若归，咫尺之堑，安能沮尚书之锋锐邪！』存孝以为然，按兵不出。旬日，堑垒成，飞走不能越，存孝由是遂穷。汴将邓季筠从克用攻邢州，轻骑逃归。朱全忠大喜，使将亲军。

乙亥，覃王嗣周帅禁军三万送凤翔节度使徐彦若赴镇，军于兴平。李茂贞、王行瑜合兵近六万，军于盩厔以拒之。禁军皆新募市井少年，茂贞、行瑜所将皆边兵百战之馀，壬午，茂贞等进逼兴平，禁军皆望风逃溃，茂贞等乘胜进攻三桥，京城大震，士民奔散，市人复守阙请诛首议用兵者。崔昭纬心害太尉、门下侍郎、同平章事杜让能，密遗茂贞书曰：『用兵非主上意，皆出于杜太尉耳。』甲申，茂贞陈于临皋驿，表让能罪，请诛之。让能言于上曰：『臣固先言之矣，请以臣为解。』上涕下不自禁，曰：『与卿诀矣！』是日，贬让能梧州刺史，制辞略曰：『弃卿士之臧谋，构藩垣之深衅，咨询之际，证执弥坚。』又流观军容使西门君遂于儋州，内枢密使李周潼于崖州，段诩于欢州。乙酉，上御安福门，斩君遂、周潼、诩，再贬让能雷州司户。遣使谓茂贞曰：『惑朕举兵者，三人也，非让能之罪。』以内侍骆全瓘、刘景宣为左右军中尉。

壬辰，以东都留守韦昭度为司徒、门下侍郎、同平章事，御史中丞崔胤为户部侍郎、同平章事。胤，慎由之子也，外宽弘而内巧险，与崔昭纬深相结，故得为相。季父安潜谓所亲曰：『吾父兄刻苦以立门户，终为缁郎所坏！』缁郎，胤小字也。

李茂贞勒兵不解，请诛杜让能然后还镇，崔昭纬复从而挤之。冬，十月，赐让能及其弟户部侍郎弘徽自尽。复下诏布告中外，称『让能举枉错直，爱憎系于一时，鬻狱卖官，聚敛逾于巨万。』自是朝廷动息皆禀于邠、岐，南、北司往往依附二镇以邀恩泽。有崔铤、王超者，为二镇判官，凡天子有所可否，其不逞者，辄诉于铤、超，二人则教茂贞、行瑜上章论之，朝廷少有依违，其辞语已不逊。制复以茂贞为凤翔节度使兼山南西道节度使、守中书令，于是茂贞尽有凤翔、兴元、洋、陇秦等十五州之地。以徐彦若

为御史大夫。

戊戌，以泉州刺史王潮为福建观察使。

舒州刺史倪章弃城走，杨行密以李神福为舒州刺史。

邠宁节度使、守侍中兼中书令王行瑜求为尚书令；韦昭度密奏：『太宗以尚书令执政，遂登大位，自是不以授人臣。惟郭子仪以大功拜尚书令，终身避让。行瑜安可轻议！』十一月，以行瑜为太师，赐号尚父，仍赐铁券。

十二月，朱全忠请徙盐铁于汴州以便供军；崔昭纬以为全忠新破徐、郓，兵力倍增，若更判盐铁，不可复制，乃赐诏开谕之。

汴将葛从周攻齐州刺史朱威，朱瑄、朱瑾引兵救之。

初，武安节度使周岳杀闵勖，据潭州，邵州刺史邓处讷闻而哭之，诸将入吊，处讷曰：『吾与公等咸受仆射大恩，今周岳无状杀之，吾欲与公等竭一州之力，为仆射报仇，可乎？』皆曰：『善！』于是训卒厉兵，八年，乃结朗州刺史雷满共攻潭州，克之，斩岳，自称留后。

乾宁元年（甲寅，公元八九四年）

春，正月，乙丑朔，赦天下，改元。

李茂贞入朝，大陈兵自卫，数日归镇。

以李匡筹为卢龙节度使。

二月，朱全忠自将击朱瑄，军于鱼山。瑄与瑾合兵攻之，兖、郓兵大败，死者万馀人。

以右散骑常侍郑綮为礼部侍郎、同平章事。綮好诙谐，多为歇后诗，讥嘲时事；上以为有所蕴，手注班簿，命以为相，闻者大惊。堂吏往告之，綮笑曰：『诸君大误，使天下更无人，未至郑綮！』史曰：『特出圣意。』綮曰：『果如是，奈人笑何！』既而贺客至，綮搔首言曰：『歇后郑五作宰相，时事可知矣！』累让不获，乃视事。

以邵州刺史邓处讷为武安节度使。

彰义节度使张钧薨，表其兄镭为留后。

三月，黄州刺史吴讨举州降杨行密。

邢州城中食尽，甲申，李存孝登城谓李克用曰：『儿蒙王恩得富贵，苟非困于谗慝，安肯舍父子而从仇雠乎！愿一见王，死不恨！』克用使刘夫人视之。夫人引存孝出见克用，存孝泥首谢罪曰：『儿粗立微劳，存信逼儿，失图至此！』克用叱之曰：『汝遗朱全忠、王镕书，毁我万端，亦存信教汝乎！』囚之，归于晋阳，车裂于牙门。存孝

骁勇，克用军中皆莫及；常将骑兵为先锋，所向无敌，身被重铠，腰弓髀槊，独舞铁檛陷陈，万人辟易。每以二马自随，马稍乏，就阵中易之，出入如飞。克用惜其才，意临刑诸将必为之请，因而释之。既而诸将疾其能，竟无一人言者。既死，克用为之不视事者旬日，私恨诸将，而于李存信竟无所谴。又有薛阿檀者，其勇与存孝相侔，诸将疾之，常不得志，密与存孝通；存孝诛，恐事泄，遂自杀。自是克用兵势浸弱，而朱全忠独盛矣。克用表马师素为邢洺节度使。

朱全忠遣军将张从晦慰抚寿州。从晦陵侮刺史江彦温而与诸将夜饮；彦温疑其谋己，明日，尽杀在席诸将，以书谢全忠而自杀。军中推其子从项知军州事，全忠为之腰斩从晦。

五月，加镇海节度使钱镠同平章事。

刘建锋、马殷引兵至醴陵，邓处讷遣邵州指挥使蒋勋、邓继崇将步骑三千守龙回关。殷先至关下，遣使诣勋，勋等以牛酒犒师。殷使说勋曰：『刘骧智勇兼人，术家言当兴翼、轸间。今将十万众，精锐无敌，而君以乡兵数千拒之，难矣。不如先下之，取富贵，还乡里，不亦善乎！』勋等然之，谓众曰：『东军许吾属还。』士卒皆欢呼，弃旗帜铠仗遁去。建锋令前锋衣其甲，张其旗，趋潭州。潭人以为邵州兵还，不为备。建锋入径入府，处讷方宴，擒斩之。戊辰，建锋入潭州，自称留后。

王建攻彭州，城中人相食，彭州内外都指挥使赵章出降。王先成请筑龙尾道，属于女墙。

丙子，西川兵登城，杨晟犹帅众力战，刀子都虞候王茂权斩之。获彭州马步使安师建，建欲使为将，师建泣谢曰：『师建誓与杨司徒同生死，不忍复戴日月，惟速死为惠。』再三谕之，不从，乃杀之，礼葬而祭之。更赵章姓名曰王宗勉，王茂权名曰宗训，又更王钊名曰宗谨，李绾姓曰王宗绾。

辛卯，中书侍郎、同平章事郑延昌罢为右仆射。

朱瑄、朱瑾求救于河东，李克用遣骑将安福顺及弟福庆、福迁督精骑五百假道于魏，渡河应之。

武昌节度使杜洪攻黄州，杨行密遣行营都指挥使朱延寿等救之。

六月，甲午，以宋州刺史张廷范为武宁节度使，从朱全忠之请也。

蕲州刺史冯敬章邀击淮南军，朱延寿攻蕲州，不克。

戊午，以翰林学士承旨、礼部尚书李溪同平章事；方宣制，水部郎中知制诰刘崇鲁出班掠麻恸哭。上召崇鲁，问其故，对言：『溪奸邪，依附杨复恭、西门君遂，得在翰

林，无相业，恐危社稷。』溪竟罢为太子少傅。溪，鄘之孙也。上师溪为文，崔昭纬恐溪为相，分己权，故使崇鲁沮之。溪十表自讼，丑诋崇鲁父符『受赃枉法，事觉自杀』；弟崇望与杨复恭深交，崇鲁庭拜田令孜，为朱玫作劝进表，乃云臣交结内臣，何异抱赃唱贼！且故事，纯巾惨带，不入禁庭。臣果不才，崇鲁自应上章论列，岂于正殿恸哭！为国不祥，无人臣礼，乞正其罪。』诏停崇鲁见任。溪犹上表不已，乞行诛窜，表数千言，诟詈无所不至。

李克用大破吐谷浑，杀赫连铎，擒白义诚。

秋，七月，李茂贞遣兵攻阆州，拔之，杨复恭、杨守亮、杨守信帅其族党犯围走。

礼部侍郎、同平章事郑綮自以不合众望，累表避位，诏以太子少保致仕；以御史大夫徐彦若为中书侍郎兼吏部尚书、同平章事。

绵州刺史杨守厚卒，其将常再荣举城降王建。

杨复恭、守亮、守信将自商山奔河东，至乾元，遇华州兵，获之。八月，韩建献于阙下，斩于独柳。李茂贞献复恭遗守亮书，诉致仕之由云：『承天门乃隋家旧业，大侄但积粟训兵，勿贡献。吾于荆榛中立寿王，才得尊位，废定策国老，有如此负心门生天子！』

昭义节度使康君立诣晋阳谒李克用。己未，克用会诸将饮博，酒酣，克用语及李存孝，流涕不已。君立素与李存信善，一言忤旨，克用拔剑斫之，囚于马步司。九月，庚申朔，出之，君立已死。克用表云州刺史薛志诚为昭义留后。

冬，十月，丁酉，封皇子祤为棣王，禊为虔王，禋为沂王，祎为遂王。

刘仁恭数因盖寓献策于李克用，愿得兵万人取幽州。克用方攻邢州，分兵数千，欲纳仁恭于幽州，不克。李匡筹益骄，数侵河东之境。克用怒，十一月，大举兵攻匡筹，拔武州，进围新州。

以泾原留后张鐇为彰义节度使。

朱全忠遣使至泗州，使者陵慢刺史张谏，谏举州降杨行密。行密遣押牙唐令回持茶万馀斤如汴宋贸易，全忠执令回，尽取其茶。扬、汴始有隙。

十二月，李匡筹遣大将将步骑数万救新州，李克用选精兵逆战于段庄，大破之，斩首万馀级，生擒将校三百人，以练纤之，徇于城下。是夕，新州降。辛亥，进攻妫州。壬子，匡筹复发兵出居庸关，克用使精骑当其前以疲之，遣步将李存审自他道出其背夹击之，幽州兵大败，杀获万计。甲寅，李匡筹挈其族奔沧州，义昌节度使卢彦威利其辎重、妓妾，遣兵攻之于景城，杀之，尽俘其众。存审本姓符，宛丘人，克用养以为子。

丙辰，克用进军幽州，其大将请降。匡筹素暗懦，初据军府，兄匡威闻之，谓诸将曰：『兄失弟得，不出吾家，亦复何恨！但惜匡筹才短，不能保守，得及二年，幸矣。』

加匡国节度使王行约检校待中。

吴讨畏杜洪之逼，纳印请代于杨行密，行密以先锋指挥使瞿章权知黄州。

是岁，黄连洞蛮二万围汀州，福建观察使王潮遣其将李承勋将万人击之；蛮解去，承勋追击之，至浆水口，破之。闽地略定。潮遣僚佐巡州县，劝农桑，定租税，交好邻道，保境息民，闽人安之。

封州刺史刘廉卒，子隐居丧于贺江，土民百馀人谋乱，隐一夕尽诛之。岭南节度使刘崇龟召补右都押牙兼贺水镇使；未几，表为封州刺史。

义胜节度使董昌为政苛虐，于常赋之外，加敛数倍，以充贡献及中外馈遗，每旬发一纲，金万两，银五千铤，越绫万五千匹，他物称是，用卒五百人，或遇雨雪风水违程，则皆死。贡奉为天下最，由是朝廷以为忠，宠命相继，官至司徒、同平章事，爵陇西郡王。昌建生祠于越州，制度悉如禹庙，命民间祷赛者，无得之禹庙，皆之生祠。昌求为越王，朝廷未之许，昌不悦曰：『朝廷欲负我矣，我累年贡献无算而惜一越王邪！』有谄之者曰：『王为越王，曷若为越帝。』于是民间讹言时世将变，竞相帅填门喧噪，请昌为帝。昌大喜，遣人谢之曰：『天时未至，时至我自为之。』其僚佐吴瑶、都虞候李畅之等皆劝成之，吏民献谣谶符瑞者不可胜纪，其始赏之以钱数百缗，既而献者日多，稍减至五百、三百而已。昌曰：『谶云「兔子上金床」，此谓我也。我生太岁在卯，明年复在卯，二月卯日卯时，吾称帝之秋也。』

资治通鉴卷第二百六十

唐纪七十六 起旃蒙单阏，尽柔兆执徐，凡二年。

昭宗圣穆景文孝皇帝上之下

乾宁二年（乙卯，公元八九五年）

春，正月，辛酉，幽州军民数万以麾盖歌鼓迎李克用入府舍；克用命李存审、刘仁恭将兵略定巡属。

癸未，朱全忠遣其将朱友恭围兖州，朱瑄自郓以兵粮救之，友恭设伏，败之于高梧，尽夺其饷，擒河东将安福顺、安福庆。

己巳，以给事中陆希声为户部侍郎、同平章事。希声，元方五世孙也。

壬申，护国节度使王重盈薨，军中请以重荣子行军司马珂知留后事。珂，重盈兄重简之子也，重荣养以为子。

杨行密表朱全忠罪恶，请会易定、兖、郓、河东兵讨之。

董昌将称帝，集将佐议之。节度副使黄碣曰：『今唐室虽微，天人未厌。齐桓、晋文皆翼戴周室以成霸业。大王兴于畎亩，受朝廷厚恩，位至将相，富贵极矣，奈何一旦忽为族灭之计乎！碣宁死为忠臣，不生为叛逆！』昌怒，以为惑众，斩之，投其首于厕中，骂之曰：『奴贼负我！好圣明时三公不能待，而先求死也！』并杀其家八十口，同坎瘗之。又问会稽令吴镣，对曰：『大王不为真诸侯以传子孙，乃欲假天子以取灭亡邪！』昌亦族诛之。又谓山阴令张逊曰：『汝有能政，吾深知之，俟吾为帝，命汝知御史台。』逊曰：『大王起石镜镇，建节浙东，荣贵近二十年，何苦效李锜、刘辟之所为乎！浙东僻处海隅，巡属虽有六州，大王若称帝，彼必不从，徒守孤城，为天下笑耳！』昌又杀之，谓人曰：『无此三人者，则人莫我违矣！』二月，辛卯，昌被兖冕登子城门楼，即皇帝位。悉陈瑞物于庭以示众。先是，咸通末，吴、越间讹言山中有大鸟，四目三足，声云『罗平天册』，见者有殃，民间多画像以祀之。及昌僭号，曰：『此吾鸑鷟也。』乃自称大越罗平国，改元顺天，署城楼曰天册之楼，令群下谓己曰：『圣人』。以前杭州刺史李邈、前婺州刺史蒋瑰、两浙盐铁副使杜郢、前屯田郎中李瑜为相。又以吴瑶等皆为翰林学士，李畅之等皆为大将军。昌移书钱镠，告以权即罗平国位，以镠为两浙都指挥使。镠遗昌书曰：『与其闭门作天子，与九族、百姓俱陷涂炭，岂若开门作节度使，终身富贵邪！及今悛悔，尚可及也！』昌不听，镠乃将兵三万诣越州城下，至迎恩门见昌，再拜言曰：『大王位兼将相，奈何舍安就危！镠将兵此来，以俟大王改过耳。若天子命将出师，纵大王不自惜，乡里士民何罪，随大王族灭乎！』昌

惧，致犒军钱二百万，执首谋者吴瑶及巫觋数人送于镠，且请待罪天子。镠引兵还，以状闻。

王重盈之子保义节度使珙、晋州刺史瑶举兵击王珂，表言珂非王氏子。与朱全忠书，言「珂本吾家苍头，不应为嗣。」珂上表自陈，且求援于李克用。上遣中使谕解之。

上重李溪文学，乙未，复以溪为户部侍郎、同平章事。

己酉，朱全忠军于单父，为朱友恭声援。

李克用表刘仁恭为卢龙留后，留兵戍之；壬子，还晋阳。

妫州人高思继兄弟，在武干，为燕人所服，克用皆以为都将，分掌幽州兵；部下士卒，皆山北之豪也，仁恭惮之。久之，河东兵戍幽州者暴横，思继兄弟以法裁之，所诛杀甚多。克用怒，以让仁恭，仁恭诉称高氏兄弟所为，克用俱杀之。仁恭欲收燕人心，复引其诸子置帐下，厚抚之。

崔昭纬与李茂贞、王行瑜深相结，得天子过失，朝廷机事，悉以告之。邠宁节度副使崔鋋，昭纬之族也，李溪再入相，昭纬使鋋告行瑜曰：「向者尚书令之命已行矣，而韦昭度沮之，今又引李溪为同列，相与荧惑圣听，恐复有杜太尉之事。」行瑜乃与茂贞表称溪奸邪，昭度无相业，宜罢居散秩。上报曰：「军旅之事，朕则与藩镇图之；至于命相，当出朕怀。」行瑜等论列不已，三月，溪复罢为太子少师。

王珙、王瑶请朝廷命河中帅，诏以中书侍郎、同平章事崔胤同平章事，充护国节度使；以户部侍郎、判户部王抟为中书侍郎、同平章事。

王珂，李克用之婿也。克用表重荣有功于国，请赐其子珂节钺。王珙厚结王行瑜、李茂贞、韩建三帅，更上表称珂非王氏子，请以珂为陕州、珙为河中。上谕以先已允克用之奏，不许。

加王镕兼侍中。

杨行密浮淮至泗州，防御使台濛盛饰供帐，行密不悦。既行，濛于卧内得补绽衣，驰使归之。行密笑曰：「吾少贫贱，不敢忘本。」濛甚惭。行密攻濠州，拔之，执刺史张璲。行密军士掠得徐州人李氏之子，生八年矣，行密养以为子，行密长子渥憎之；行密谓其将徐温曰：「此儿质状性识，颇异于人，吾度渥必不能容，今赐汝为子。」温名之曰知诰。知诰事温，勤孝过于诸子。尝得罪于温，温笞而逐之；及归，知诰迎拜于门。温问：「何故犹在此？」知诰泣对曰：「人子舍父母将何之！父怒而归母，人情之常也。」温以是益爱之，使掌家事，家人无违言。及长，喜书善射，识度英伟。行密常谓温曰：「知诰俊杰，诸将子皆不及也。」丁亥，行密围寿州。

上以郊畿多盗，至有逾垣入宫或侵犯陵寝者，欲令宗室诸王将兵巡警，又欲使之四方抚慰藩镇。南北司用事之臣恐其不利于己，交章论谏。上不得已，夏，四月，下诏悉罢之。

朝廷以董昌有贡输之勤，今日所为，类得心疾，诏释其罪，纵归田里。

户部侍郎、同平章事陆希声罢为太子少师。

杨行密围寿州，不克，将还；庚寅，其将朱延寿请试往更攻，一鼓拔之，执刺史江从勖。行密以延寿权知寿州团练使。未几，汴兵数万攻寿州，州中兵少，吏民恟惧。延寿制，军中每旗二十五骑。命黑云队长李厚将十旗击汴兵，不胜；延寿将斩之，厚称众寡不敌，愿益兵更往，不胜则死。都押牙汝阳柴再用亦为之请，乃益以五旗。厚殊死战，再用助之，延寿悉众乘之，汴兵败走。厚，蔡州人也。行密又遣兵袭涟水，拔之。

钱镠表董昌僭逆，不可赦，请以本道兵讨之。

太傅、门下侍郎、同平章事韦昭度以太保致仕。

戊戌，以刘建锋为武安节度使。建锋以马殷为内外马步军都指挥使。

杨行密遣使诣钱镠，言董昌已改过，宜释之；亦遣诣昌，使趣朝贡。

河东遣其将史俨、李承嗣以万骑驰入于郓，朱友恭退归于汴。

五月，诏削董昌官爵，委钱镠讨之。

初，王行瑜求尚书令不获，由是怨朝廷。畿内有八镇兵，隶左右军。郃阳镇近华州，韩建求之；良原镇近邠州，王行瑜求之。宦官曰：『此天子禁军，何可得也！』王珂、王珙争河中，行瑜、建及李茂贞皆为珙请，不能得，耻之。珙使人语三帅曰：『珂不受代而与河东婚姻，必为诸公不利，请讨之。』行瑜使其弟匡国节度使行约攻河中，珂求救于李克用。行瑜乃与茂贞、建各将精兵数千入朝，甲子，至京师，坊市民皆窜匿。上御安福门以待之，三帅盛陈甲兵，拜伏舞蹈于门下。上临轩，亲诘之曰：『卿等不奏请俟报，辄称兵入京城，其志欲何为乎？若不能事朕，今日请避贤路！』行瑜、茂贞流汗不能言，独韩建粗述入朝之由。上与三帅宴，三帅奏称：『南、北司互有朋党，堕紊朝政。韦昭度讨西川失策，李溪作相，不合众心，请诛之。』上未之许。是日，行瑜等杀昭度、溪于都亭驿，又杀枢密使康尚弼及宦官数人。又言：『王珂、王珙嫡庶不分，请除王珙河中，徙王行约于陕，王珂于同州。』上皆许之。始，三帅谋废上，立吉王保；至是，闻李克用已起兵于河东，行瑜、茂贞各留兵二千人宿卫京师，与建皆辞还镇。贬户部尚书杨堪为雅州刺史。堪，虞卿之子，昭度之舅也。

初，崔胤除河中节度使，河东进奏官薛志勤扬言曰：『崔公虽重德，以之代王珂，

不若光德刘公于我公厚也。』光德刘公者，太常卿刘崇望也。及三帅入朝，闻志勤之言，贬崇望昭州司马。李克用闻三镇兵犯阙，即日遣使十三辈发北部兵，期以来月渡河入关。

六月，庚寅，以钱镠为浙东招讨使；镠复发兵击董昌。

辛卯，以前均州刺史孔纬、绣州司户张浚并为太子宾客。壬辰，以纬为吏部尚书，复其阶爵；癸巳，拜司空，兼门下侍郎、同平章事。以张浚为兵部尚书、诸道租庸使。时纬居华州，浚居长水，上以崔昭纬等外交藩镇，朋党相倾，思得骨鲠之士，故骤用纬、浚。纬以有疾，扶舆至京师，见上，涕泣固辞；上不许。

李克用大举蕃、汉兵南下，上表称王行瑜、李茂贞、韩建称兵犯阙，贼害大臣，请讨之，又移檄三镇，行瑜等大惧。克用军至绛州，刺史王瑶闭城拒之；克用进攻，旬日，拔之。斩瑶于军门，杀城中违拒者千馀人。秋，七月，丙辰朔，克用至河中，王珂迎谒于路。

匡国节度使王行约败于朝邑，戊午，行约弃同州走，己未，至京师。行约弟行实时为左军指挥使，帅众与行约大掠西市。行实奏称同华已没，沙陀将至，请车驾幸邠州。庚申，枢密使骆全瓘奏请车驾幸凤翔。上曰：『朕得克用表，尚驻军河中。就使沙陀至此，朕自有以枝梧，卿等但各抚本军，勿令摇动。』

右军指挥使李继鹏，茂贞假子也，本姓名阎珪，与骆全瓘谋劫上幸凤翔。中尉刘景宣与王行实知之，欲劫上幸邠州。孔纬面折景宣，以为不可轻离宫阙。向晚，继鹏连奏请车驾出幸，于是王行约引左军攻右军，于楼前侍卫。继鹏复纵火焚宫门，烟炎蔽天。时有盐州六都兵屯京师，素为两军所惮，上急召令入卫；既至，两军退走，各归邠州及凤翔。城中大乱，互相剽掠，上与诸王及亲近幸李筠营，护跸都头李居实帅众继至。

或传王行瑜、李茂贞欲自来迎车驾，上惧为所迫，辛酉，以筠、居实两都兵自卫，出启夏门，趣南山，宿莎城镇。士民追从车驾者数十万人，比至谷口，暍死者三之一，夜，复为盗所掠，哭声震山谷。时百官多扈从不及，户部尚书、判度支及盐铁转运使薛王知柔独先至，上命权知中书事及置顿使。

壬戌，李克用入同州。崔昭纬、徐彦若、王抟至莎城。甲子，上徙幸石门镇，命薛王知柔与知枢密院刘光裕还京城，制置守卫宫禁。丙寅，李克用遣节度判官王瓌奉表问起居。丁卯，上遣内侍郗廷昱赍诏诣李克用军，令与王珂各发万骑同赴新平。又诏彰义节度使张鐇以泾原兵控扼凤翔。

李克用遣兵攻华州；韩建登城呼曰：『仆于李公未尝失礼，何为见攻？』克用使谓之曰：『公为人臣，逼逐天子，公为有礼，孰为无礼者乎！』会郗廷昱至，言李茂贞将兵三万至盩厔，王行瑜将兵至兴平，皆欲迎车驾，克用乃释华州之围，移兵营渭桥。

以薛王知柔为清海节度使、同平章事，仍权知京兆尹、判度支，充盐铁转运使，俟反正日赴镇。

上在南山旬馀，士民从车驾避乱者日相惊曰：『邠、岐兵至矣！』上遣延王戒丕诣河中，趣李克用令进兵。壬午，克用发河中。八月，上遣供奉官张承业诣克用军。承业，同州人，屡奉使于克用，因留监其军。己丑，克用进军渭桥，遣其将李存贞为前锋；辛卯，拔永寿，又遣史俨将三千骑诣石门侍卫。癸巳，遣李存信、李存审会保大节度使李思孝攻王行瑜黎园寨，擒其将王令陶等，献于行在。思孝本姓拓跋，思恭之弟也。李茂贞惧，斩李继鹏，传首行在，上表请罪，且遣使求和于克用。上复遣延王戒丕、丹王允谕克用，令且赦茂贞，并力讨行瑜，俟其殄平，当更与卿议之。且命二王拜克用为兄。

以前河中节度使崔胤为中书侍郎、同平章事。

戊戌，削夺王行瑜官爵。癸卯，以李克用为邠宁四面行营都招讨使，保大节度使李思孝为北面招讨使，定难节度使李思谏为东面招讨使，彰义节度使张鐇为西面招讨使。克用遣其子存勖诣行在，年十一，上奇其状貌，抚之曰：『儿方为国之栋梁，他日宜尽忠于吾家。』克用表请上还京；上许之。令克用遣骑三千驻三桥为备御。辛亥，车驾还京师。壬子，司空兼门下侍郎、同平章事崔昭纬罢为右仆射。

以护国留后王珂、卢龙留后刘仁恭各为本镇节度使。

时宫室焚毁，未暇完葺，上寓居尚书省，百官往往无袍笏仆马。以李克用为行营都统。

九月，癸亥，司空兼门下侍郎、同平章事孔纬薨。

辛未，朱全忠自将击朱瑄，战于梁山；瑄败走还郓。

李克用急攻梨园，王行瑜求救于李茂贞，茂贞遣兵万人屯龙泉镇，自将兵三万屯咸阳之旁。克用请诏茂贞归镇，仍削夺其官爵，欲分兵讨之。上以茂贞自诛继鹏，前已赦宥，不可复削夺诛讨，但诏归镇，仍令克用与之和解。以昭义节度使李罕之检校侍中，充邠宁四面行营副都统。史俨败邠宁兵于云阳，擒云阳镇使王令诲等，献之。

王建遣简州刺史王宗瑶等将兵赴难；甲戌，军于绵州。

董昌求救于杨行密，行密遣泗州防御使台濛攻苏州以救之，且表昌引咎，愿修职

贡，请复官爵。又遗钱镠书，称：『昌狂疾自立，已畏兵谏，执送同恶。不当复伐之。』

冬，十月，丙戌，河东将李存贞败邠宁军于梨园北，杀千馀人。自是梨园闭壁不敢出。

贬右仆射崔昭纬为梧州司马。

魏国夫人陈氏，才色冠后宫；戊子，上以赐李克用。克用令李罕之、李存信等急攻梨园；城中食尽，弃城走。罕之等邀击之，所杀万馀人，克梨园等三寨，获王行瑜子知进及大将李元福等；克用进屯梨园。庚寅，王行约、王行实烧宁州遁去。克用奏请以匡国节度使苏文建为静难节度使，趣令赴镇，且理宁州，招抚降人。

上迁居大内。

朱全忠遣都将葛从周击兖州，自以大军继之。癸卯，围兖州。

杨行密遣宁国节度使田頵、润州团练使安仁义攻杭州镇戍以救董昌，昌使湖州将徐淑会淮南将魏约共围嘉兴。钱镠遣武勇都指挥使顾全武救嘉兴，破乌墩、光福二寨。淮南将柯厚破苏州水栅。全武，馀姚人也。

义武节度使王处存薨，军中推其子节度副使郜为留后。

以京兆尹武邑孙偓为兵部侍郎、同平章事。

王行瑜以精甲五千守龙泉寨，李克用攻之。李茂贞以兵五千救之，营于镇西。李罕之击凤翔兵，走之。十一月，丁巳，拔龙泉寨。行瑜走入邠州，遣使请降于李克用。

齐州刺史朱琼举州降于朱全忠。琼，瑾之从父兄也。

衢州刺史陈儒卒，弟岌代之。

李克用引兵逼邠州，王行瑜登城，号哭谓克用曰：『行瑜无罪，迫胁乘舆，皆李茂贞及李继鹏所为。请移兵问凤翔，行瑜愿束身归朝。』克用曰：『王尚父何恭之甚！仆受诏讨三贼臣，公预其一，束身归朝，非仆所得专也。』丁卯，行瑜挈族弃城走。克用入邠州，封府库，抚居人，命指挥使高爽权巡抚军城，奏趣苏文建赴镇。行瑜走至庆州境，部下斩行瑜，传首。

朱瑄遣其将贺瑰、柳存及河东将何怀宝将兵万馀人袭曹州，以解兖州之围。瑰，濮阳人也。丁卯，全忠自中都引兵夜追之，比明，至巨野南，及之，屠杀殆尽，生擒瑰、存、怀宝，俘士卒三千馀人。是日晡后，大风沙尘晦冥，全忠曰：『此杀人未足耳！』下令所得之俘尽杀之。庚午，缚瑰等徇于兖州城下，谓朱瑾曰：『卿兄已败，何不早降！』

丁丑，雅州刺史王宗侃攻拔利州，执刺史李继颙，斩之。

朱瑾伪遣使请降于朱全忠，全忠自就延寿门下与瑾语。瑾曰：『欲送符印，愿使兄琼来领之。』辛巳，全忠使琼往，瑾立马桥上，述骁果董怀进于桥下，琼至，怀进突出，擒之以入，须臾，掷首城外。全忠乃引兵还，以琼弟玭为齐州防御使，杀柳存、何怀宝；闻贺瑰名，释而用之。

李克用旋军渭北。

加静难节度使苏文建同平章事。

蒋勋求为邵州刺史，刘建锋不许，勋乃与邓继崇起兵，连飞山、梅山蛮寇湘潭，据邵州，使其将申德昌屯定胜镇以扼潭人。

十二月，甲申，阆州防御使李继雍、蓬州刺史费存、渠州刺史陈璠各帅所部兵奔王建。

乙酉，李克用军于云阳。

王建奏：『东川节度使顾彦晖不发兵赴难，而掠夺辎重，遣泸州刺史马敬儒断峡路，请兴兵讨之。』戊子，华洪大破东川兵于楸林，俘斩数万，拔楸林寨。

乙未，进李克用爵晋王，加李罕之兼侍中，以河东大将盖寓领容管观察使；自馀克用将佐、子孙并进官爵。克用性严急，左右小有过辄死，无敢违忤；惟盖寓敏慧，能揣其意，婉辞裨益，无不从者。克用或以非罪怒将吏，寓必阳助之怒，克用常释之；有所谏诤，必征近事为喻；由是克用爱信之，境内无不依附，权与克用侔。朝廷及邻道遣使至河东，其赏赐赂遗，先入克用，次及寓家。朱全忠数遣数人间之，及扬言云盖寓已代克用，而克用待之益厚。

丙申，王建攻东川，别将王宗弼为东川兵所擒，顾彦晖畜以为子。戊戌，通州刺史李彦昭将所部兵二千降于建。

李克用遣掌书记李袭吉入谢恩，密言于上曰：『比年以来，关辅不宁，乘此胜势，遂取凤翔，一劳永逸，时不可失。臣屯军渭北，专俟进止。』上谋于贵近，或曰：『茂贞复灭，则沙陀大盛，朝廷危矣！』上乃赐克用诏，褒其忠款，而言：『不臣之状，行瑜为甚。自朕出幸以来，茂贞、韩建自知其罪，不忘国恩，职贡相继，且当休兵息民。』克用奉诏而止。既而私于诏使曰：『观朝廷之意，似疑克用有异心也。然不去茂贞，关中无安宁之日。』又诏免克用入朝，将佐或言：『今密迩阙庭，岂可不入见天子！』克用犹豫未决，盖寓言于克用曰：『向者王行瑜辈纵兵狂悖，致銮舆播越，百姓奔散。今天子还未安席，人心尚危，大王若引兵渡渭，窃恐复惊骇都邑。人臣尽忠，在于勤王，不在入觐，愿熟图之！』克用笑曰：『盖寓尚不欲吾入朝，况天下之人乎！』乃表称：

『臣总帅大军，不敢径入朝觐，且惧部落士卒侵扰渭北居人。』辛亥，引兵东归。表至京师，上下始安。诏赐河东士卒钱三十万缗。克用既去，李茂贞骄横如故，河西州县多为茂贞所据，以其将胡敬璋为河西节度使。

朱全忠之去兖州也，留葛从周将兵守之，朱瑾闭城不复出，从周将还，乃扬言『天平、河东救兵至，引兵西北邀之。』夜半，潜归故寨。瑾以从周精兵悉出，果出兵攻寨。从周突出奋击，杀千馀人，擒其都将孙汉筠而还。

加镇海节度使钱镠兼侍中。

彰义节度使张鐇薨，以其子琏权知留后。

朱瑄、朱瑾屡为朱全忠所攻，民失耕稼，财力俱弊。告急于河东，李克用遣大将史俨、李承嗣将数千骑假道于魏以救之。

安州防御使家晟与朱全忠亲吏蒋玄晖有隙，恐及祸，与指挥使刘士政、兵马监押陈可璠将兵三千袭桂州，杀经略使周元静而代之。晟醉侮可璠，可璠手刃之，推士政知军府事，可璠自为副使。诏即以士政为桂管经略使。玄晖，吴人也。

三年（丙辰，公元八九六年）

春，正月，西川将王宗夔攻拔龙州，杀刺史田昉。

丁巳，刘建锋遣都指挥使马殷将兵讨蒋勋，攻定胜寨，破之。

辛未，安仁义以舟师至湖州，欲渡江应董昌，钱镠遣武勇都指挥使顾全武、都知兵马使许再思守西陵，仁义不能渡。昌遣其将汤臼守石城，袁邠守馀姚。

闰月，李克用遣蕃、汉都指挥使李存信将万骑假道于魏以救兖、郓，军于莘县。朱全忠使人谓罗弘信曰：『克用志吞河朔，师还之日，贵道可忧。』存信戢众不严，侵暴魏人。弘信怒，发兵三万夜袭之。存信军溃。退保洺州，丧士卒什二三，委弃资粮兵械万数；史俨、李承嗣之军隔绝不得还。弘信自是与河东绝，专志于汴。全忠方图兖、郓，畏弘信议其后，弘信每有赠遗，全忠必对使者北向拜授之，曰：『六兄于予，倍年以长，固非诸邻之比。』弘信信之，全忠以是得专意东方。

丁亥，果州刺史张雄降于王建。

二月，戊辰，顾全武、许再思败汤臼于石城。上用杨行密之请，赦董昌，复其官爵；钱镠不从。以通王滋判侍卫诸将事。

朱全忠荐兵部尚书张浚，上欲复相之；李克用表请发兵击全忠，且言『浚朝为相，臣则夕至阙庭！』京师震惧，上下诏和解之。

三月，以天雄留后李继徽为节度使。

保大节度使李思孝表请致仕，荐弟思敬自代，诏以思孝为太师，致仕，思敬为保大留后。

朱全忠遣庞师古将兵伐郓州，败郓兵于马颊，遂抵其城下。

己酉，顾全武等攻馀姚，明州刺史黄晟遣兵助之；董昌遣其将徐章救馀姚，全武击擒之。

夏，四月，辛酉，河涨，将毁滑州城，朱全忠命决为二河，夹滑城而东，为害滋甚。

李克用击罗弘信，攻洹水，杀魏兵万馀人，进攻魏州。

武安节度使刘建锋既得志，嗜酒，不亲政事。长直兵陈赡妻美，建锋私之。赡袖铁挝击杀建锋；诸将杀赡，迎行军司马张佶为留后。佶将入府，马忽踶啮，伤左髀。时马殷攻邵州未下，佶谢诸将曰：『马公勇而有谋，宽厚乐善，吾所不及，真乃主也。』乃以牒召之。殷犹豫未行，听直军将汝南姚彦章说殷曰：『公与刘龙骧、张司马，一体之人也，今龙骧遇祸，司马伤髀，天命人望，舍公尚谁属哉！』殷乃使亲从都副指挥使李琼留攻邵州，径诣长沙。

淮南兵与镇海兵战于皇天荡，镇海兵不利，杨行密遂围苏州。

钱镠、钟传、杜洪畏杨行密之强，皆求援于朱全忠；全忠遣许州刺史朱友恭将兵万人渡淮，听以便宜从事。

董昌使人觇钱镠兵，有言其强盛者辄怒，斩之；言兵疲食尽，则赏之。戊寅，袁邠以馀姚降于镠；顾全武、许再思进兵至越州城下。五月，昌出战而败，婴城自守，全武等围之。昌始惧，去帝号，复称节度使。

马殷至长沙，张佶肩舆入府，坐受殷拜谒，已，乃命殷升听事，以留后让之，即趋下，帅将吏拜贺，复为行军司马，代殷将兵攻邵州。

癸未，苏州常熟镇使陆郢以州城应杨行密，虏刺史成及。行密阅及家所蓄，惟图书、药物，贤之，归，署行军司马。及拜且泣曰：『及百口在钱公所。失苏州不能死，敢求富贵！愿以一身易百口之死！』引佩刀欲自刺。行密遽执其手，止之，馆于府舍。其室中亦有兵仗，行密每单衣诣之，与之共饮膳，无所疑。钱镠闻苏州陷，急召顾全武，使趋西陵备行密，全武曰：『越州贼之根本，奈何垂克而弃之！请先取越州，后复苏州。』镠从之。

淮南将朱延寿奄至蕲州，围其城。大将贾公铎方猎，不得还，伏兵林中，命勇士二人衣羊皮夜入延寿所掠羊群，潜入城，约夜半开门举火为应，复衣皮返命。公铎如期引

兵至城南，门中火举，力战，突围而入。延寿惊曰：『吾常恐其溃围而出，反溃围而入，如此，城安可猝拔！』乃白行密，求军中与公铎有旧者持誓书金帛往说之，许以婚。寿州团练副使柴再用请行，临城与语，为陈利害。数日，公铎及刺史冯敬章请降。以敬章为左都押牙，公铎为右监门卫将军。延寿进拔光州，杀刺史刘存。

丙戌，上遣中使诣梓州和解两川，王建虽奉诏还成都，然犹连兵未解。

崔昭纬复求救于朱全忠。戊子，遣中使赐昭纬死，行至荆南，追及，斩之，中外咸以为快。

荆南节度使成汭与其将许存溯江略地，尽取滨江州县。武泰节度使王建肇弃黔州，收馀众保丰都。存又引兵西取渝、涪二州，汭以其将赵武为黔中留后，存为万州刺史。汭知存不得志，使人诇之，曰：『存不治州事，日出蹴鞠。』汭曰：『存将逃，先匀足力也。』遣兵袭之，存弃城走；其众稍稍归之，屯于茅坝。赵武数攻丰都，王建肇不能守，与存皆降于王建。建忌存勇略，欲杀之，掌书记高烛曰：『公方总揽英雄以图霸业，彼穷来归我，奈何杀之！』建使戍蜀州，阴使知蜀州王宗绾察之。宗绾密言存忠勇谦谨，有良将才，建乃舍之，更其姓名曰王宗播。而宗绾竟不使宗播知其免己也。宗播元从孔目官柳修业，每劝宗播慎静以免祸。其后宗播为建将，遇强敌诸将所惮者，以身先之。及有功，辄称病，不自伐，由是得以功名终。

甲午，夜，顾全武急攻越州，乙未旦，克其外郭，董昌犹据牙城拒之。戊戌，镠遣昌故将骆团给昌云：『奉诏，令大王致仕归临安。』昌乃送牌印，出居清道坊。己亥，全武遣武勇都监使吴璋以舟载昌如杭州，至小江南，斩之，并其家三百馀人，宰相李邈、蒋瑰以下百馀人。昌在围城中，贪吝日甚，口率民间钱帛，减战士粮。及城破，库有金帛杂货五百间，仓有粮三百万斛。钱镠传昌首于京师，散金帛以赏将士，开仓以赈贫乏。

李克用攻魏博，侵掠遍六州。朱全忠召葛从周于郓州，使将兵营洹水以救魏博，留庞师古攻郓州。六月，克用引兵击从周，汴人多凿坎于陈前，战方酣，克用之子铁林指挥使落落马遇坎而踬，汴人生擒之；克用自往救之，马亦踬，几为汴人所获；克用顾射汴将一人，毙之，乃得免。克用请修好以赎落落，全忠不许，以与罗弘信，使杀之。克用引军还。葛从周自洹水引兵济河，屯于杨刘，复击郓，及兖、郓、河东之兵战于故乐亭，破之，兖、郓属城皆为汴人所据，屡求救于李克用，克用发兵赴之，为罗弘信所拒，不得前，兖、郓由是不振。

初，李克用屯渭北，李茂贞、韩建惮之，事朝廷礼甚恭。克用去，二镇贡献渐疏，

表章骄慢，上自石门还，于神策两军之外，更置安圣、捧宸、保宁、宣化等军，选补数万人，使诸王将之；嗣延王戒丕、嗣覃王嗣周又自募麾下数千人。茂贞以为欲讨己，语多怨望，嫌隙日构。茂贞亦勒兵扬言欲诣阙讼冤；京师士民争亡匿山谷。上命通王滋及嗣周、戒丕分将诸军以卫近畿，戒丕屯三桥。茂贞遂表言『延王无故称兵讨臣，臣今勒兵入朝请罪。』上遽遣使告急于河东。丙寅，茂贞引兵逼京畿，覃王与战于娄馆，官军败绩。秋，七月，茂贞进逼京师。延王戒丕曰：『今关中藩镇无可依者，不若自鄜州济河，幸太原，臣请先往告之。』辛卯，诏幸鄜州；壬辰，上出至渭北；韩建遣其子从允奉表请幸华州，上不许。以建为京畿都指挥、安抚制置及开通四面道路、催促诸道纲运等使。而建奉表相继，上及从官亦惮远去，癸巳，至富平，遣宣徽使元公讯召建，面议去留。甲午，建诣富平见上，顿首涕泣言：『方今藩臣跋扈者，非止茂贞。陛下若去宗庙园陵，远巡边鄙，臣恐车驾济河，无复还期。今华州兵力虽微，控带关辅，亦足自固。臣积聚训厉，十五年矣，西距长安不远，愿陛下临之，以图兴复。』上乃从之。乙未，宿下邽；丙申，至华州，以府署为行宫；建视事于龙兴寺。茂贞遂入长安，自中和以来所葺宫室、市肆，燔烧俱尽。

乙巳，以中书侍郎、同平章事崔胤同平章事，充武安节度使。上以胤，崔昭纬之党也，故出之。

丙午，以翰林学士承旨、尚书左丞陆扆为户部侍郎、同平章事。扆，陕人也。

水部郎中何迎表荐国子《毛诗》博士襄阳朱朴，才如谢安，道士许岩士亦荐朴有经济才。上连日召对，朴有口辩，上悦之，曰：『朕虽非太宗，得卿如魏征矣。』赐以金帛，并赐何迎。

以徐彦若为大明宫留守，兼京畿安抚制置等使。

杨行密表请上迁都江淮，王建请上幸成都。

宰相畏韩建，不敢专决政事。八月，丙辰，诏建关议朝政；建上表固辞，乃止。韩建移檄诸道，令共输资粮诣行在。李克用闻之，叹曰：『去岁从余言，岂有今日之患！』又曰：『韩建天下痴物，为贼臣弱帝室，是不为李茂贞所擒，则为朱全忠所虏耳！』因奏将与邻道发兵入援。

加钱镠兼中书令。

癸丑，以王建为凤翔西面行营招讨使。

甲寅，以门下侍郎、同平章事王抟同平章事，充威胜节度使。

上愤天下之乱，思得奇杰之士不次用之。国子博士朱朴自言：『得为宰相，月馀可

致太平。』上以为然。乙丑，以朴为左谏议大夫、同平章事。朴为人庸鄙迂僻，无他长。制出，中外大惊。丙寅，加韩建兼中书令。

九月，庚辰，升福建为威武军，以观察使王潮为节度使。

以湖南留后马殷判湖南军府事。殷以高郁为谋主。郁，扬州人也。殷畏杨行密、成汭之强，议以金帛结之，高郁曰：『成汭不足畏也，行密公之仇。虽以万金赂之，安肯为吾援乎！不若上奉天子，下抚士民，训卒厉兵，以修霸业，则谁与为敌矣。』殷从之。

崔胤出镇湖南，韩建之志也。胤密求援于朱全忠，且教之营东都宫阙，表迎车驾，全忠与河南尹张全义表请上迁都洛阳，全忠仍请以兵二万迎车驾，且言崔胤忠臣，不宜出外。韩建惧，复奏召胤为相，遣使谕全忠以且宜安静，全忠乃止。乙未，复以胤为中书侍郎、同平章事。以翰林学士承旨、兵部侍郎崔远同平章事。远，珙弟玙之孙也。丁酉，贬中书侍郎、同平章事陆扆为硖州刺史。崔胤恨扆代己，诬扆，云党于李茂贞而贬之。

己亥，以朱朴兼判户部，凡军旅财赋之事，上一以委之。以孙偓为凤翔四面行营都统，又以前定难节度使李思谏为静难节度使，兼副都统。

以保大留后李思敬为节度使。

河东将李存信攻临清，败汴将葛从周于宗城北，乘胜至魏州北门。

冬，十月，壬子，加孙偓行营节度、招讨、处置等使。丁巳，以韩建权知京兆尹，兼把截使。戊午，李茂贞上表请罪，愿得自新，仍献助修宫室钱；韩建复佐佑之，竟不出师。

钱镠令两浙吏民上表，请以镠兼领浙东；朝廷不得已，复以王抟为吏部尚书、同平章事，以镠为镇海、威胜两军节度使。丙子，更名威胜曰镇东军。

李克用自将攻魏州，败魏兵于白龙潭，追至观音门。朱全忠复遣葛从周救之，屯于洹水，全忠以大军继之。克用乃还。

加河中节度使王珂同平章事。

十一月，朱全忠还大梁，复遣葛从周东会庞师古，攻郓州。

湖州刺史李师悦求旌节，诏置忠国军于湖州，以师悦为节度使。赐告身旌节者未入境，戊子，师悦卒。杨行密表师悦子前绵州刺史彦徽知州事。

淮南将安仁义攻婺州。

十二月，东川兵焚掠汉、眉、资、简之境。

清海节度使薛王知柔行至湖南，广州牙将卢琚、谭弘玘据境拒之，使弘玘守端州。

弘玘结封州刺史刘隐，许妻以女。隐伪许之，托言亲迎，伏甲舟中，夜入端州，斩弘玘；遂袭广州，斩琚；具军容迎知柔入视事，知柔表隐为行军司马。

资治通鉴 卷第二百六十

资治通鉴卷第二百六十一

唐纪七十七 起强圉大荒落，尽屠维协洽，凡三年。

昭宗圣穆景文孝皇帝中之上

乾宁四年（丁巳，公元八九七年）

春，正月，甲申，韩建奏：『防城将张行思等告睦、济、韶、通、彭、韩、仪、陈八王谋杀臣，劫车驾幸河中。』建恶诸王典兵，故使行思等告之。上大惊，召建谕之，建称疾不入。令诸王诣建自陈，建表称：『诸王忽诣臣理所，不测事端。臣详酌事体，不应与诸王相见。』又称：『诸王当自避嫌疑，不可轻为举措。陛下若以友爱含容，请依旧制，令归十六宅，妙选师傅，教以诗书，不令典兵预政。』且曰：『乞散彼乌合之兵，用光麟趾之化。』建虑上不从，仍引麾下精兵围行宫，表疏连上。上不得已，是夕，诏诸王所领军士并纵归田里，诸王勒归十六宅，其甲兵并委韩建收掌。建又奏：『陛下选贤任能，足清祸乱，何必别置殿后四军。显有厚薄之恩，乖无偏无党之道。且所聚皆坊市无赖奸猾之徒，平居犹思祸变，临难必不为用，而使之张弓挟刃，密迩皇舆，臣窃寒心，乞皆罢。』遣诏亦从之。于是殿后四军二万馀人悉散，天子之亲军尽矣。捧日都头李筠，石门扈从功第一，建复奏斩于大云桥。建又奏：『玄宗之末，永王璘暂出江南，遽谋不轨。代宗时吐蕃入寇，光启中朱玫乱常，皆援立宗支以系人望。今诸王衔命四方者，乞皆召还。』又奏：『诸方士出入禁庭，眩惑圣听，宜皆禁止，无得入宫。』诏悉从之。建既幽诸王于别第，知上意不悦，乃奏请立德王为太子，欲以解之。丁亥，诏立德王祐为皇太子，仍更名裕。

庞师古、葛从周并兵攻郓州，朱瑄兵少食尽，不复出战，但引水为深壕以自固。辛卯，师古等营于水西南，命为浮梁。癸巳，潜决濠水。丙申，浮梁成，师古夜以中军先济。瑄闻之，弃城奔中都，葛从周逐之，野人执瑄及妻子以献。

己亥，罢孙偓凤翔四面行营节度等使，以副都统李思谏为宁塞节度使。钱镠使行军司马杜稜救婺州，安仁义移兵攻睦州，不克而还。

朱全忠入郓州，以庞师古为天平留后。朱瑾留大将康怀贞守兖州，与河东将史俨、李承嗣掠徐州之境给军食。全忠闻之，遣葛从周将兵袭兖州。怀贞闻郓州已失守，汴兵奄至，遂降。二月，戊申，从周入兖州，获瑾妻子。朱瑾还，无所归，帅其众趋沂州，刺史尹处宾不纳，走保海州，为汴兵所逼，与史俨、李承嗣拥州民渡淮，奔杨行密。行密逆之于高邮，表瑾领武宁节度使。全忠纳瑾之妻，引兵还，张夫人逆于封丘，全忠以得瑾妻告之。夫人请见之，瑾妻拜，夫人答拜，且泣曰：『兖、郓与司空同姓，约为兄

弟，以小故恨望，起兵相攻，使吾姒辱于此。他日汴州失守，吾亦如吾姒之今日乎！」全忠乃送瑾妻于佛寺为尼，斩朱瑄于汴桥。于是郓、齐、曹、棣、兖、沂、密、徐、宿、陈、许、郑、滑、濮皆入于全忠。惟王师范保淄青一道，亦服于全忠。李存信在魏州，闻兖、郓皆陷，引兵还。淮南旧善水战，不知骑射，及得河东、兖、郓兵，军声大振。史俨、李承嗣皆河东骁将，李克用深惜之，遣使间道诣杨行密请之。行密许之，亦遣使诣克用修好。

戊午，王建遣邛州刺史华洪、彭州刺史王宗祐将兵五万攻东川，以戎州刺史王宗谨为凤翔西面行营先锋使，败凤翔将李继徽等于玄武。继徽本姓杨，名崇本，茂贞之假子也。

己未，赦天下。

上飨行庙。

庚申，王建以决云都知兵马使王宗侃为应援开峡都指挥使，将兵八千趋渝州；决胜都知兵马使王宗阮为开江防送进奉使，将兵七千趋泸州。辛未，宗侃取渝州，降刺史牟崇厚；癸酉，宗阮拔泸州，斩刺史马敬儒，峡路始通。凤翔将李继昭救梓州，留偏将守剑门，西川将王宗播击擒之。

乙亥，门下侍郎、同平章事孙偓罢守本官，中书侍郎、同平章事朱朴罢为秘书监。朴既秉政，所言皆不效，外议沸腾。太子詹事马道殷以天文，将作监许岩士以医得幸于上，韩建诬二人以罪而杀之，且言偓、朴与二人交通，故罢相。

诏以杨行密为江南诸道行营都统，以讨武昌节度使杜洪。

张佶克邵州，擒蒋勋。

三月，丙子，朱全忠表曹州刺史葛从周为泰宁留后，朱友裕为天平留后，庞师古为武宁留后。

保义节度使王珙攻护国节度使王珂，珂求援于李克用，珙求援于朱全忠。宣武将张存敬、杨师厚败河中兵于猗氏南。河东将李嗣昭败陕兵于猗氏，又败之于张店，遂解河中之围。师厚，斤沟人；嗣昭，克用弟克柔之假子也。更名感义军曰昭武，治利州，以前静难节度使苏文建为节度使。

夏，四月，以同州防御使李继瑭为匡国节度使。继瑭，茂贞之养子也。

以右谏议大夫李洵为两川宣谕使，和解王建及顾彦晖。

辛亥，钱镠遣顾全武等将兵三千自海道救嘉兴，己未，至城下，击淮南兵，大破之。

杜洪为杨行密所攻，求救于朱全忠。全忠遣其将聂金掠泗州，朱友恭攻黄州。行密遣右黑云都指挥使马珣等救黄州。黄州刺史瞿章闻友恭至，弃城，拥众南保武昌寨。

癸亥，两浙将顾全武等破淮南十八营，虏淮南将士魏约等三千人。淮南将田頵屯驿亭埭，两浙兵乘胜逐之。甲戌，頵自湖州奔还，两浙兵追败之，頵众死者千馀人。

韩建恶刑部尚书张祎等数人，皆诬奏，贬之。

五月，加奉国节度使崔洪同平章事。

辛巳，朱友恭为浮梁于樊港，进攻武昌寨，壬午，拔之，执瞿章，遂取黄州。马珣等皆败走。

丙戌，王建以节度副使张琳守成都，自将兵五万攻东川。更华洪姓名曰王宗涤。

六月，己酉，钱镠如越州，受镇东节钺。

李茂贞表：『王建攻东川，连兵累岁，不听诏命。』甲寅，贬建南州刺史。乙卯，以茂贞为西川节度使，以覃王嗣周为凤翔节度使。癸亥，王建克梓州南寨，执其将李继宁。丙寅，宣谕使李洵至梓州，己巳，见建于张杷寨，建指执旗者曰：『战士之情，不可夺也。』

覃王赴镇，李茂贞不受代，围覃王于奉天。

置宁远军于容州，以李克用大将盖寓领节度使。

秋，七月，加荆南节度使成汭兼侍中。

韩建移书李茂贞，茂贞解奉天之围，覃王归华州。

以天雄节度使李继徽为静难节度使。

庚戌，钱镠还杭州，遣顾全武取苏州。乙未，拔松江。戊戌，拔无锡。辛丑，拔常熟、华亭。

初，李克用取幽州，表刘仁恭为节度使，留戍兵及腹心将十人典其机要，租赋供军之外，悉输晋阳。及上幸华州，克用征兵于仁恭，又遣成德节度使王镕、义武节度使王郜书，欲与之共定关中，奉天子还长安。仁恭辞以契丹入寇，须兵捍御，请俟虏退，然后承命。克用屡趣之，使者相继，数月，兵不出。克用移书责之，仁恭抵书于地，慢骂，囚其使者，欲杀河东戍将，戍将遁逃获免。克用大怒，八月，自将击仁恭。

上欲幸奉天亲讨李茂贞，令宰相议之。宰相切谏，乃止。

延王戒丕还自晋阳，韩建奏：『自陛下即位以来，与近辅交恶，皆因诸王典兵，凶徒乐祸，致銮舆不安。比者臣奏罢兵权，实虑不测之变。今闻延王、覃王尚苞阴计，愿陛下圣断不疑，制于未乱，则社稷之福。』上曰：『何至于是！』数日不报。建乃与知

枢密刘季述矫制发兵围十六宅。诸王被发，或缘垣，或登屋，或升木，呼曰：『宅家救儿！』建拥通、沂、睦、济、韶、彭、韩、陈、覃、延、丹十一王至石堤谷，尽杀之，以谋反闻。

贬礼部尚书孙偓为南州司马。秘书监朱朴先贬夔州司马，再贬郴州司户。朴之为相，何迎骤迁至右谏议大夫，至是亦贬湖州司马。

钟传欲讨吉州刺史周琲，琲帅其众奔广陵。

王建与顾彦晖五十余战，九月，癸酉朔，围梓州。蜀州刺史周德权言于建曰：『公与彦晖争东川三年，士卒疲于矢石，百姓困于输輓。东川群盗多据州县，彦晖懦而无谋，欲为偷安之计，皆啖以厚利，恃其救援，故坚守不下。今若遣人谕贼帅以祸福，来者赏之以官，不服者威之以兵，则彼之所恃，反为我用矣。』建从之，彦晖势益孤。德权，许州人也。

丁丑，李克用至安塞军，辛巳，攻之。幽州将单可及引骑兵至，克用方饮酒，前锋曰：『贼至矣。』克用醉，曰：『仁恭何在？』对曰：『但见可及辈。』克用瞋目曰：『可及辈何足为敌！』亟命击之。是日大雾，不辨人物，幽州将杨师侃伏兵于木瓜涧，河东兵大败，失亡太半。会大风雨震电，幽州兵解去。克用醒而后知败，责大将李存信等曰：『吾以醉废事，汝曹何不力争！』

湖州刺史李彦徽欲以州附于杨行密，其众不从。彦徽奔广陵，都指挥使沈攸以州归钱镠。

以彰义节度使张琏为凤翔西北行营招讨使，以讨李茂贞。

复以王建为西川节度使、同平章事。加义武节度使王郜同平章事。削夺新西川节度使李茂贞官爵，复姓名宋文通。

朱全忠既得兖、郓，甲兵益盛，乃大举击杨行密，遣庞师古以徐、宿、宋、滑之兵七万壁清口，将趣扬州，葛从周以兖、郓、曹、濮之兵壁安丰，将趋寿州，全忠自将屯宿州。淮南震恐。

匡国节度使李继瑭闻朝廷讨李茂贞而惧，韩建复从而摇之，继瑭奔凤翔。冬，十月，以建为镇国、匡国两军节度使。

壬子，知遂州侯绍帅众二万，乙卯，知合州王仁威帅众千人，戊午，凤翔将李继溥以援兵二千，皆降于王建。建攻梓州益急。庚申，顾彦晖聚其宗族及假子共饮，遣王宗弼自归于建。酒酣，命其假子瑶杀己及同饮者，然后自杀。建入梓州，城中兵尚七万人，建命王宗绾分兵徇昌、普等州，以王宗涤为东川留后。

刘仁恭奏称：『李克用无故称兵见讨，本道大破其党于木瓜涧，请自为统帅以讨克用。』诏不许。又遣朱全忠书。全忠奏加仁恭同平章事，朝廷从之。仁恭又遣使谢克用，陈去就不自安之意。克用复书略曰：『今公仗钺控兵，理民立法，擢士则欲其报德，选将则望彼酬恩。己尚不然，人何足信！仆料猜防出于骨肉，嫌忌生于屏帷，持干将而不敢授人，捧盟盘而何词著誓！』

甲子，立皇子祕为景王，祚为辉王，祺为祁王。

加彰义节度使张琏同平章事。

杨行密与朱瑾将兵三万拒汴军于楚州，别将张训自涟水引兵会之，行密以为前锋。庞师古营于清口，或曰：『营地汙下，不可久处。』不听。师古恃众轻敌，居常弈棋。朱瑾壅淮上流，欲灌之。或以告师古，师古以为惑众，斩之。十一月，癸酉，瑾与淮南将侯瓒将五千骑潜渡淮，用汴人旗帜，自北来趣其中军，张训逾栅而入。士卒苍黄拒战，淮水大至，汴军骇乱。行密引大军济淮，与瑾等夹攻之，汴军大败。斩师古及将士首万馀级，馀众皆溃。葛从周屯于寿州西北，寿州团练使朱延寿击破之，退屯濠州，闻师古败，奔还。行密、瑾、延寿乘胜追之，及于淠水。从周半济，淮南兵击之，杀溺殆尽，从周走免。遏后都指挥使牛存节弃马步斗，诸军稍得济淮，凡四日不食，会大雪，汴卒缘道冻馁死，还者不满千人。全忠闻败，亦奔还。行密遗全忠书曰：『庞师古、葛从周，非敌也，公宜来淮上决战。』行密大会诸将，谓行军副使李承嗣曰：『始吾欲先趣寿州，副使云不如先向清口。师古败，从周自走，今果如所料。』赏之钱万缗，表承嗣领镇海节度使。行密待承嗣及史俨甚厚，第舍、姬妾，咸选其尤者赐之，故二人为行密尽力，屡立功，竟卒于淮南。行密由是遂保据江、淮之间，全忠不能与之争。

戊寅，立淑妃何氏为皇后。后，东川人，生德王、辉王。

威武节度使王潮弟审知，为观察副使，有过，潮犹加捶挞，审知无怨色。潮寝疾，舍其子延兴、延虹、延丰、延休，命审知知军府事。十二月，丁未，潮薨。审知以让其兄泉州刺史审邽，审邽以审知有功，辞不受。审知自称福建留后，表于朝廷。

壬戌，王建自梓州还。戊辰，至成都。是岁，南诏骠信舜化有上皇帝书函及督爽牒中书木夹，年号中兴。朝廷欲以诏书报之。王建上言：『南诏小夷，不足辱诏书。臣在西南，彼必不敢犯塞。』从之。

黎、雅间有浅蛮曰刘王、郝王、杨王，各有部落，西川岁赐缯帛三千匹，使觇南诏，亦受南诏赂诇成都虚实。每节度使到官，三王帅酋长诣府，节度使自谓威德所致，表于朝廷。而三王阴与大将相表里，节度使或失大将心，则教诸蛮纷扰。先是节度使多

文臣，不欲生事，故大将常藉此以邀姑息，而南诏亦凭之屡为边患。及王建镇西川，绝其旧赐，斩都押牙山行章以惩之。邛崃之南，不置鄣候，不戍一卒，蛮亦不敢侵盗。其后遣王宗播击南诏，三王漏泄军事，召而斩之。

右拾遗张道古上疏，称：『国家有五危、二乱。昔汉文帝即位未几，明习国家事。今陛下登极已十年，而曾不知为君驭臣之道。太宗内安中原，外开四夷，海表之国，莫不入臣。今先朝封域，日蹙几尽。臣虽微贱，窃伤陛下朝廷社稷始为奸臣所弄，终为贼臣所有也。』上怒，贬道古施州司户。仍下诏罪状道古，宣示谏官。道古，青州人也。

光化元年（戊午，公元八九八年）

春，正月，两浙、江西、武昌、淄青各遣使诣阙，请以朱全忠为都统，讨杨行密。诏不许。

加平卢节度使王师范同平章事。

以兵部尚书刘崇望同平章事，充东川节度使。以昭信防御使冯行袭为昭信节度使。

上下诏罪己息兵，复李茂贞姓名官爵，应诸道讨凤翔兵皆罢之。

壬辰，河中节度使王珂亲迎于晋阳，李克用遣其将李嗣昭守河中。

李茂贞、韩建皆致书于李克用，言大驾出幸累年，乞修和好，同奖王室，兼乞丁匠助修宫室，克用许之。

初，王建攻东川，顾彦晖求救于李茂贞，茂贞命将出兵救之，不暇东逼乘舆，诈称改过，与韩建共翼戴天子。及闻朱全忠营洛阳宫，累表迎车驾，茂贞、韩建惧，请修复宫阙，奉上归长安。诏以韩建为修宫阙使。诸道皆助钱及工材。建使都将蔡敬思督其役。既成，二月，建自往视之。

钱镠请徙镇海军于杭州，从之。

复以李茂贞为凤翔节度使。

三月，己丑，以王审知充威武留后。

朱全忠遣副使韦震入奏事，求兼镇天平，朝廷未之许，震力争之。朝廷不得已，以全忠为宣武、宣义、天平三镇节度使。全忠以震为天平留后，以前台州刺史李振为天平节度副使。振，抱真之曾孙也。

淮南将周本救苏州，两浙将顾全武击破之。淮南将秦裴以兵三千人拔昆山而戍之。

以潭州刺史、判湖南军府事马殷知武安留后。时湖南管内七州，贼帅杨师远据衡州，唐世旻据永州，蔡结据道州，陈彦谦据郴州，鲁景仁据连州，殷所得惟潭、邵而已。

义昌节度使卢彦威，性残虐，又不礼于邻道。与卢龙节度使刘仁恭争盐利，仁恭遣其子守文将兵袭沧州，彦威弃城，挈家奔魏州。罗弘信不纳，乃奔汴州。仁恭遂取沧、景、德三州，以守文为义昌留后。仁恭兵势益盛，自谓得天助，有并吞河朔之志，为守文请旌节，朝廷未许。会中使至范阳，仁恭语之曰：『旌节吾自有之，但欲得长安本色耳，何为累章见拒，为吾言之！』其悖慢如此。

朱全忠与刘仁恭修好，会魏博兵击李克用。夏，四月，丁未，全忠至巨鹿城下，败河东兵万馀人，逐北至青山口。

以护国节度使王珂兼侍中。

丁卯，朱全忠遣葛从周分兵攻洺州，戊辰，拔之，斩刺史邢善益。

五月，己巳朔，赦天下。

葛从周攻邢州，刺史马师素弃城走。辛未，磁州刺史袁奉滔自刭。全忠以从周为昭义留后，守邢、洺、磁三州而还。

以武定节度使李继密为山南西道节度使。

朝廷闻王建已用王宗涤为东川留后，乃召刘崇望还，为兵部尚书，仍以宗涤为留后。

湖南将姚彦章言于马殷，请取衡、永、道、连、郴五州，仍荐李琼为将。殷以琼及秦彦晖为岭北七州游弈使，张图英、李唐副之，将兵攻衡州，斩杨师远，引兵趣永州，围之月馀，唐世旻走死。殷以李唐为永州刺史。

六月，以濠州刺史赵珝为忠武节度使。珝，犨之弟也。

秋，七月，加武贞节度使雷满同平章事，加镇南节度使钟传兼侍中。

忠义节度使赵匡凝闻朱全忠有清口之败，阴附于杨行密。全忠遣宿州刺史尉氏氏叔琮将兵伐之，丙申，拔唐州，擒随州刺史赵匡璘，败襄州兵于邓城。

八月，庚戌，改华州为兴德府。

戊午，汴将康怀贞袭邓州，克之，擒刺史国湘。赵匡凝惧，遣使请服于朱全忠，全忠许之。

己未，车驾发华州。壬戌，至长安。甲子，赦天下，改元。

上欲藩镇相与辑睦，以太子宾客张有孚为河东、汴州宣慰使，赐李克用、朱全忠诏，又令宰相与之书，使之和解。克用欲奉诏，而耻于先自屈，乃致书王镕，使通于全忠。全忠不从。

九月，乙亥，加韩建守太傅、兴德尹，加王镕兼中书令，罗弘信守侍中。

己丑，东川留后王宗涤言于王建，以东川封疆五千里，文移往还，动逾数月，请分遂、合、泸、渝、昌五州别为一镇，建表言之。

顾全武攻苏州，城中及援兵食皆尽。甲申，淮南所署苏州刺史台濛弃城走，援兵亦遁。全武克苏州，追败周本等于望亭。独秦裴守昆山不下，全武帅万馀人攻之。裴屡出战，使病者被甲执矛，壮者彀弓弩，全武每为之却。全武檄裴令降。全武尝为僧，裴封函纳款，全武喜，召诸将发函，乃佛经一卷，全武大惭，曰：『裴不忧死，何暇戏予！』益兵攻城，引水灌之，城坏，食尽，裴乃降。钱镠设千人馔以待之，及出，羸兵不满百人。镠怒曰：『单弱如此，何敢久为旅拒！』对曰：『裴义不负杨公，今力屈而降耳，非心降也。』镠善其言。顾全武亦劝镠宥之，镠从之。时人称全武长者。

魏博节度使罗弘信薨，军中推其子节度副使绍威知留后。

汴将朱友恭将兵还自江、淮，过安州，或告刺史武瑜潜与淮南通，谋取汴军，冬，十月，己亥，友恭攻而杀之。

李克用遣其将李嗣昭、周德威将步骑二万出青山，将复山东三州。壬寅，进攻邢州，葛从周出战，大破之。嗣昭等引兵退入青山，从周追之，将扼其归路。步兵自溃，嗣昭不能制。会横冲都将李嗣源以所部兵至，谓嗣昭曰：『吾辈亦去，则势不可支矣，我试为公击之。』嗣昭曰：『善，我请从公后。』嗣源乃解鞍厉镞，乘高布陈，左右指画，邢人莫之测。嗣源直前奋击，嗣昭继之，从周乃退。德威，马邑人也。

癸卯，以威武留后王审知为节度使。

以罗绍威知魏博留后。

丁巳，以东川留后王宗涤为节度使。

加佑国节度使张全义兼侍中。

王珙引汴兵寇河中，王珂告急于李克用。克用遣李嗣昭救之，败汴兵于胡壁，汴人走。前常州刺史王柷，性刚介，有时望。诏征之，时人以为且入相。过陕，王珙延奉甚至，请叙子侄之礼拜之，柷固辞不受。珙怒，使送者杀之，并其家人悉投诸河，掠其资装，以覆舟闻。朝廷不敢诘。

闰月，钱镠以其将曹圭为苏州制置使，遣王球攻婺州。

十一月，甲寅，立皇子祯为雅王，祥为琼王。

以魏博留后罗绍威为节度使。

衢州刺史陈岌请降于杨行密，钱镠使顾全武讨之。

朱全忠以奉国节度使崔洪与杨行密交通，遣其将张存敬攻之。洪惧，请以弟都指挥

使贤为质，且言：『将士顽悍，不受节制，请遣二千人诣麾下从征伐。』全忠许之，召存敬还。存敬，曹州人也。

十二月，昭义节度使薛志勤薨。

李克用之平王行瑜也，李罕之求邠宁于克用。克用曰：『行瑜恃功邀君，故吾与公讨而诛之。昨破贼之日，吾首奏趣苏文建赴镇。今才达天听，遽复二三，朝野之论，必喧然谓吾辈复如行瑜所为也。吾与公情如同体，固无所爱，俟还镇，当更为公论功赏耳。』

罕之不悦而退，私于盖寓曰：『罕之自河阳失守，依托大庇，岁月已深。比来衰老，倦于军旅，若蒙吾王与太傅哀愍，赐一小镇，使数年之间休兵养疾，然后归老闾阎，幸免。』寓为之言，克用不应。每藩镇缺，议不及罕之，罕之甚郁郁。寓恐其有他志，亟为之言，克用曰：『吾于罕之岂爱一镇，但罕之，鹰也，饥则为用，饱则背飞。』及志勤薨，旬日无帅，罕之擅引泽州兵夜入潞州，据之，以状白克用，曰：『薛铁山死，州民无主，虑不逞者为变，故罕之专命镇抚，取王裁旨。』克用怒，遣人让之。罕之遂遣其子颢请降于朱全忠，执河东将马溉等及沁州刺史傅瑶送汴州。克用遣李嗣昭将兵讨之，嗣昭先取泽州，收罕之家属送晋阳。

杨行密遣成及等归两浙以易魏约等，钱镠许之。

韶州刺史曾衮举兵攻广州，州将王瓌帅战舰应之。清海行军司马刘隐一战破之。韶州将刘潼复据浈、浛，隐讨斩之。

二年（己未，公元八九九年）

春，正月，丁未，中书侍郎兼吏部尚书、同平章事崔胤罢守本官。以兵部尚书陆扆同平章事。

朱全忠表李罕之为昭义节度使，又表权知河阳留后丁会、武宁留后王敬荛、彰义留后张珂并为节度使。

杨行密与朱瑾将兵数万攻徐州，军于吕梁，朱全忠遣骑将张归厚救之。

刘仁恭发幽、沧等十二州兵十万，欲兼河朔。攻贝州，拔之，城中万馀户，尽屠之，投尸清水。由是诸城各坚守不下。仁恭进攻魏州，营于城北。魏博节度使罗绍威求救于朱全忠。

朱全忠遣崔贤还蔡州，发其兵二千诣大梁。二月，蔡将崔景思等杀贤，劫崔洪，悉驱兵民渡淮奔杨行密。兵民稍稍遁归，至广陵者不满二千人。全忠命许州刺史朱友裕守蔡州。朱全忠自将救徐州，杨行密闻之，引兵去。汴人追及之于下邳，杀千馀人。全忠

行至辉州，闻淮南兵已退，乃还。

三月，朱全忠遣其将李思安、张存敬将兵救魏博，屯于内黄。癸卯，全忠以中军军于滑州。刘仁恭谓其子守文曰：『汝勇十倍于思安，当先虏鼠辈，后擒绍威耳！』乃遣守文及其妹婿单可及将精兵五万击思安于内黄。丁未，思安使其将袁象先伏兵于清水之右，思安逆战于繁阳，阳不胜而却，守文逐之。及内黄之北，思安勒兵还战，伏兵发，夹击之。幽州兵大败，斩可及，杀获三万人，守文仅以身免。可及，幽州骁将，号『单无敌』，燕军失之丧气。思安，陈留人也。

时葛从周自邢州将精骑八百已入魏州。戊申，仁恭攻上水关、馆陶门。从周与宣义牙将贺德伦出战，顾门者曰：『前有大敌，不可返顾。』命阖其扉。从周等殊死战，仁恭复大败，擒其将薛突厥、王郐郎。明日，汴、魏乘胜合兵击仁恭，破其八寨，仁恭父子烧营而遁。汴、魏之人长驱追之，至临清，拥其众入永济渠，杀溺不可胜纪。镇人亦出兵邀击于东境，自魏至沧五百里间，僵尸相枕。仁恭自是不振，而全忠益横矣。德伦，河西胡人也。刘仁恭之攻魏州也，罗绍威遣使修好于河东，且求救。壬午，李克用遣李嗣昭将兵救之。会仁恭已为汴兵所败，绍威复与河东绝，嗣昭引还。

葛从周乘破幽州之势，自土门攻河东，拔承天军。别将氏叔琮自马岭入，拔辽州乐平，进军榆次。李克用遣内牙军副周德威击之。

叔琮有骁将陈章，号『陈夜叉』，为前锋，请于叔琮曰：『河东所恃者周杨五，请擒之，求一州为赏。』克用闻之，以戒德威，德威曰：『彼大言耳。』战于洞涡，德威微服往挑战，谓其属曰：『汝见陈夜叉即走。』章果逐之，德威奋铁楇击之坠马，生擒以献。因击叔琮，大破之，斩首三千级。叔琮弃营走，德威追之，出石会关，又斩千余级。从周亦引还。

丁巳，朱全忠遣河阳节度使丁会攻泽州，下之。

婺州刺史王坛为两浙所围，求救于宣歙观察使田頵。夏，四月，頵遣行营都指挥使康儒等救之。

五月，甲午，置武信军于遂州，以遂、合等五州隶之。

李克用遣蕃、汉马步都指挥使李君庆将兵攻李罕之，己亥，围潞州。朱全忠出屯河阳，辛丑，遣其将张存敬救之，壬寅，又遣丁会将兵继之。大破河东兵，君庆解围去。克用诛君庆及其裨将伊审、李弘袭。以李嗣昭为蕃、汉马步都指挥使，代之攻潞州。

庚戌，康儒等败两浙兵于龙丘，擒其将王球，遂取婺州。

六月，乙丑，李罕之疾亟。丁卯，全忠表罕之为河阳节度使，以丁会为昭义节度

使。未几，又以其将张归霸守邢州，遣葛从周代会守潞州。

以西川大将王宗佶为武信节度使。宗佶，本姓甘，洪州人也。

丁丑，李罕之薨于怀州。

保义节度使王珙，性猜忍，虽妻子亲近，常不自保。至是军乱，为麾下所杀，推都将李璠为留后。

秋，七月，朱全忠海州戍将陈汉宾请降于杨行密。淮海游弈使张训以汉宾心未可知，与涟水防遏使庐江王绾将兵二千直趣海州，遂据其城。

加荆南节度使成汭兼中书令。

马殷遣其将李唐攻道州，蔡结聚群蛮，伏兵于隘以击之，大破唐兵。唐曰：「蛮所恃者，山林耳。若战平地，安能败我！」乃命因风燔林，火烛天地，群蛮惊遁，遂拔道州，擒结，斩之。

朱全忠召葛从周于潞州，使贺德伦守之。八月，丙寅，李嗣昭引兵至潞州城下，分兵攻泽州。己巳，汴将刘玘弃泽州走，河东兵进拔天井关。以李存璋为泽州刺史。贺德伦闭城不出，李嗣昭日以铁骑环其城，捕刍牧者，附城三十里禾黍皆刈之。乙酉，德伦等弃城宵遁，趣壶关，河东将李存审伏兵邀击之，杀获甚众。葛从周以援兵至，闻德伦等已败，乃还。

九月，癸卯，以凤翔节度使李茂贞为凤翔、彰义节度使。

李克用表汾州刺史孟迁为昭义留后。

淄青节度使王师范以沂、密内叛，乞师于杨行密。冬，十月，行密遣海州刺史台濛、副使王绾将兵助之，拔密州，归于师范。将攻沂州，先使觇之，曰：「城中皆偃旗息鼓。」绾曰：「此必有备，而救兵近，不可击也。」诸将曰：「密已下矣，沂何能为！」绾不能止，乃伏兵林中以待之。诸将攻沂州不克，救兵至，引退。州兵乘之，绾发伏击败之。

十一月，陕州都将朱简杀李璠，自称留后，附朱全忠，仍请更名友谦，预于子侄。

加忠义节度使赵匡凝兼中书令。

马殷遣其将李琼攻郴州，执陈彦谦，斩之；进攻连州，鲁景仁自杀，湖南皆平。

十二月，加魏博节度使罗绍威同平章事。

唐纪七十八 起上章涒滩，尽重光作噩，凡二年。

昭宗圣穆景文孝皇帝中之中

光化三年（庚申，公元九〇〇年）

春，正月，宣州将康儒攻睦州，钱镠使其从弟銶拒之。

二月，庚申，以西川节度使王建兼中书令。

壬申，加威武节度使王审知同平章事。

壬午，以吏部尚书崔胤同平章事，充清海节度使。

李克用大发军民治晋阳城堑，押牙刘延业谏曰：「大王声振华、夷，宜扬兵以严四境，不宜近治城堑，损威望而启寇心。」克用谢之，赏以金帛。

夏，四月，加定难军节度使李承庆同平章事。

朱全忠遣葛从周帅兖、郓、滑、魏四镇兵十万击刘仁恭，五月，庚寅，拔德州，斩刺史傅公和。己亥，围刘守文于沧州。仁恭复遣使卑辞厚礼求救于河东，李克用遣周德威将五千骑出黄泽，攻邢、洺以救之。

邕州军乱，逐节度使李𬭊。𬭊借兵邻道讨平之。

六月，癸亥，加东川节度使王宗涤同平章事。

司空、门下侍郎、同平章事王抟，明达有度量，时称良相。上素疾宦官枢密使朱道弼、景务修专横，崔胤日与上谋去宦官，宦官知之。由是南、北司益相憎嫉，各结藩镇为援以相倾夺。抟恐其致乱，从容言于上曰：「人君当务明大体，无所偏私。宦官擅权之弊，谁不知之！顾其势未可猝除，宜俟多难渐平，以道消息。愿陛下言勿轻泄以速奸变。」胤闻之，谮抟于上曰：「王抟奸邪，已为道弼辈外应。」上疑之。及胤罢相，意抟排己，愈恨之。及出镇广州，遗朱全忠书，具道抟语，令全忠表论之。全忠上言：「胤不可离辅弼之地，抟与敕使相表里，同危社稷。」表连上不已。上虽察其情，迫于全忠，不得已，胤至湖南复召还。丁卯，以胤为司空、门下侍郎、同平章事，抟罢为工部侍郎。以道弼监荆南军，务修监青州军。戊辰，贬抟溪州刺史；己巳，又贬崖州司户。道弼长流欢州，务修长流爱州。是日，皆赐自尽。抟死于蓝田驿，道弼、务修死于霸桥驿。于是胤专制朝政，势震中外，宦官皆侧目，不胜其愤。

刘仁恭将幽州兵五万救沧州，营于乾宁军。葛从周留张存敬、氏叔琮守沧州寨，自将精兵逆战于老鸦堤，大破仁恭，斩首三万级，仁恭走保瓦桥。秋，七月，李克用复遣都指挥使李嗣昭将兵五万攻邢、洺以救仁恭，败汴军于内丘。王镕遣使和解幽、汴，会久

雨，朱全忠召从周还。

庚戌，以昭义留后孟迁为节度使。

甲寅，以西川节度使王建兼东川、信武军两道都指挥制置等使。

八月，李嗣昭又败汴军于沙门河，进攻洺州。乙丑，朱全忠引兵救之，未至，嗣昭拔洺州，擒刺史朱绍宗。全忠命葛从周将兵击嗣昭。

宣州将康儒食尽，自清溪遁归。

九月，葛从周自邺县渡漳水，营于黄龙镇。朱全忠自将中军三万涉洺水置营。李嗣昭弃城走，从周设伏于青山口，邀击，大破之。

崔胤以太保、门下侍郎、同平章事徐彦若位在己上，恶之。彦若亦自求引去。时藩镇皆为强臣所据，惟嗣薛王知柔在广州，乃求代之。乙巳，以彦若同平章事，充清海节度使。初，荆南节度成汭以澧、朗本其巡属，为雷满所据，屡求割隶荆南。朝廷不许，汭颇怨望。及彦若过荆南，汭置酒，从容以为言。彦若曰：『令公位尊方面，自比桓、文，雷满小盗不能取，乃怨朝廷乎？』汭甚惭。

丙午，中书侍郎兼吏部尚书、同平章事崔远罢守本官，以刑部尚书裴贽为中书侍郎、同平章事。贽，坦之弟子也。

升桂管为静江军，以经略使刘士政为节度使。

朱全忠以王镕与李克用交通，移兵伐之，下临城，逾滹沱，攻镇州南门，焚其关城。全忠自至元氏，镕惧，遣判官周式诣全忠请和。全忠盛怒，谓式曰：『仆屡以书谕王公，竟不之听！今兵已至此，期于无舍！』式曰：『镇州密迩太原，困于侵暴，四邻各自保，莫相救恤，王公与之连和，乃为百姓故也。今明公果能为人除害，则天下谁不听命，岂惟镇州！明公为唐桓、文，当崇礼义以成霸业。若但穷威武，则镇州虽小，城坚食足，明公虽有十万之众，未易攻也！况王氏秉旄五代，时推忠孝，人人欲为之死，庸可冀乎！』全忠笑揽式袂，延之帐中，曰：『与公戏耳！』乃遣客将开封刘捍入见镕，镕以其子节度副使昭祚及大将子弟为质，以文缯二十万犒军。全忠引还，以女妻昭祚。成德判官张泽言于王镕曰：『河东，勍敌也，今虽有朱氏之援，譬如火发于家，安能俟远水乎！彼幽、沧易定，犹附河东，不若说朱公乘胜兼服之，使河北诸镇合而为一，则可以制河东矣。』镕复遣周式往说全忠。全忠喜，遣张存敬会魏博兵击刘仁恭，甲寅，拔瀛州；冬，十月，丙辰，拔景州，执刺史刘仁霸；辛酉，拔莫州。

静江节度使刘士政闻马殷悉平岭北，大惧，遣副使陈可璠屯全义岭以备之。殷遣使修好于士政，可璠拒之。殷遣其将秦彦晖、李琼等将兵七千击士政。湖南军至全义，士

政又遣指挥使王建武屯秦城。可璠掠县民耕牛以犒军，县民怨之，请为湖南向导，曰：『此西南有小径，距秦城才五十里，仅通单骑。』彦晖遣李琼将骑六十、步兵三百袭秦城，中宵，逾垣而入，擒王建武，比明，复还，缒之以练，造可璠壁下示之，可璠犹未之信。斩其首，投壁中，桂人震恐。琼因勒兵击之，擒可璠，降其将士二千，皆杀之。引兵趣桂州，自秦城以南二十馀壁皆望风奔溃，遂围桂州。数日，士政出降，桂、宜、岩、柳、象五州皆降于湖南。马殷以李琼为桂州刺史，未几，表为静江节度使。

张存敬攻刘仁恭，下二十城，将自瓦桥趣幽州，道泞不能进，乃引兵西攻易定，辛巳，拔祁州，杀刺史杨约。

癸未，以保义留后朱友谦为节度使。

张存敬攻定州，义武节度使王郜遣后院都知兵马使王处直将兵数万拒之。处直请依城为栅，俟其师老而击之。孔目官梁汶曰：『昔幽、镇兵三十万攻我，于时我军不满五千，一战败之。今存敬兵不过三万，我军十倍于昔，奈何示怯，欲依城自固乎！』郜乃遣处直逆战于沙河，易定兵大败，死者过半，馀众拥处直奔还。甲申，王郜弃城奔晋阳，军中推处直为留后。存敬进围定州，丙申，朱全忠至城下，处直登城呼曰：『本道事朝廷尽忠，于公未尝相犯，何为见攻？』全忠曰：『何故附河东？』对曰：『吾兄与晋王同时立勋，封疆密迩，且婚姻也，修好往来，乃常理耳，请从此改图。』全忠许之。乃归罪于梁汶而族之，以谢全忠，以缯帛十万犒师。全忠乃还，仍为处直表求节钺。处直，处存之母弟也。刘仁恭遣其子守光将兵救定州，军于易水之上，全忠遣张存敬袭之，杀六万馀人。由是河北诸镇皆服于全忠。

先是王郜告急于河东，李克用遣李嗣昭将步骑三万下太行，攻怀州，拔之，进攻河阳。河阳留后侯言不意其至，狼狈失据，嗣昭坏其羊马城。会佑国军将阎宝引兵救之，力战于壕外，河东兵乃退。宝，郓州人也。

初，崔胤与帝密谋尽诛宦官，及宋道弼、景务修死，宦官益惧。上自华州还，忽忽不乐，多纵酒，喜怒不常，左右尤自危。于是左军中尉刘季述、右军中尉王仲先、枢密使王彦范、薛齐偓等阴相与谋曰：『主上轻佻多变诈，难奉事；专听任南司，吾辈终罹其祸。不若奉太子立之，尊主上为太上皇，引岐、华兵为援，控制诸藩，谁能害我哉！』

十一月，上猎苑中，因置酒，夜，醉归，手杀黄门、侍女数人。明旦，日加辰巳，宫门不开。季述诣中书白崔胤曰：『宫中必有变，我内臣也，得以便宜从事，请入视之。』乃帅禁兵千人破门而入，访问，具得其状。出，谓胤曰：『主上所为如是，岂可

理天下！废昏立明，自古有之，为社稷大计，非不顺也。』胤畏死，不敢违。庚寅，季述召百官，陈兵殿庭，作胤等连名状，请太子监国，以示之，使署名。胤及百官不得已皆署之。上在乞巧楼，季述、仲先伏甲士千人于门外，与宣武进奏官程岩等十馀人入请对。季述、仲先甫登殿，将士大呼，突入宣化门，至思政殿前，逢宫人，辄杀之。上见兵入，惊堕床下，起，将走，季述、仲先掖之令坐。宫人走白皇后，后趋至，拜请曰：『军容勿惊宅家，有事取军容商量。』季述等乃出百官状白上，曰：『陛下厌倦大宝，中外群情，愿太子监国，请陛下保颐东宫。』上曰：『昨与卿曹乐饮，不觉太过，何至于是！』对曰：『此非臣等所为，皆南司众情，不可遏也。愿陛下且之东宫，待事小定，复迎归大内耳。』后曰：『宅家趣依军容语！』即取传国宝以授季述，宦官扶上与后同辇，嫔御侍从者才十馀人，适少阳院。季述以银挝画地数上曰：『某时某事，汝不从我言，其罪一也。』如此数十不止。乃手锁其门，熔铁锢之，遣左军副使李师虔将兵围之，上动静辄白季述，穴墙以通饮食，凡兵器针刀皆不得入，上求钱帛俱不得，求纸笔亦不与。时大寒，嫔御公主无衣衾，号哭闻于外。季述等矫诏令太子监国，迎太子入宫。辛卯，矫诏令太子嗣位，更名缜。以上为太上皇，皇后为太上皇后。甲午，太子即皇帝位，更名少阳院曰问安宫。季述加百官爵秩，与将士皆受优赏，欲以求媚于众。杀睦王倚，凡宫人、左右、方士、僧、道为上所宠信者，皆榜杀之。每夜杀人，昼以十车载尸出，一车或止一两尸，欲以立威。将杀司天监胡秀林，秀林曰：『军容幽囚君父，更欲多杀无辜乎！』季述惮其言正而止。季述等欲杀崔胤，而惮朱全忠，但解其度支盐铁转运使而已。崔胤密致书全忠，使兴兵图返正。

左仆射致仕张浚在长水，见张全义于洛阳，劝之匡复，又与诸藩镇书劝之。

进士无棣李愚客游华州，上韩建书，略曰：『仆每读书，见父子君臣之际，有伤教害义者，恨不得肆之市朝。明公居近关重镇，君父幽辱月馀，坐视凶逆而忘勤王之举，仆所未谕也。仆窃计中朝辅弼，虽有志而无权；外镇诸侯，虽有权而无志。惟明公忠义，社稷是依。往年车辂播迁，号泣奉迎，累岁供馈，再复庙、朝，义感人心，至今歌咏。此时事势，尤异前日，明公地处要冲，位兼将相。自宫闱变故，已涉旬时，若不号令率先以图反正，迟疑未决，一朝山东侯伯唱义连衡，鼓行而西，明公求欲自安，其可得乎！此必然之势也。不如驰檄四方，谕以逆顺，军声一振，则元凶破胆，旬浃之间，二竖之首传于天下，计无便于此者。』建虽不能用，厚待之，愚坚辞而去。

朱全忠在定州行营，闻乱，丁未，南还。十二月，戊辰，至大梁。季述遣养子希度诣全忠，许以唐社稷输之；又遣供奉官李奉本以太上皇诰示全忠。全忠犹豫未决，会僚

佐议之，或曰：『朝廷大事，非藩镇所宜预知。』天平节度副使李振独曰：『王室有难，此霸者之资也。今公为唐桓、文，安危所属。季述一宦竖耳，乃敢囚废天子，公不能讨，何以复令诸侯！且幼主位定，则天下之权尽归宦官矣，是以太阿之柄授人也。』全忠大悟，即囚希度、奉本，遣振如京师诇事。既还，又遣亲吏蒋玄晖如京师，与崔胤谋之；又召程岩赴大梁。

清海节度使薛王知柔薨。

是岁，加杨行密兼侍中。

睦州刺史陈晟卒，弟询自称刺史。

太子即位累旬，藩镇笺表多不至。王仲先性苛察，素知左、右军多积弊，及为中尉，钩校军中钱谷，得隐没为奸者，痛捶之，急征所负，将士颇不安。有盐州雄毅军使孙德昭为左神策指挥使，自刘季述等废立，常愤惋不平。崔胤闻之，遣判官石戬与之游。德昭每酒酣必泣，戬知其诚，乃密以胤意说之曰：『自上皇幽闭，中外大臣至于行间士卒，孰不切齿！今反者独季述、仲先耳，公诚能诛此二人，迎上皇复位，则富贵穷一时，忠义流千古；苟狐疑不决，则功落他人之手矣！』德昭谢曰：『德昭小校，国家大事，安敢专之！苟相公有命，不敢爱死！』戬以白胤。胤割衣带，手书以授之。德昭复结右军清远都将董彦弼、周承诲，谋以除夜伏兵安福门外以俟之。

天复元年（辛酉，公元九〇一年）

春，正月，乙酉朔，王仲先入朝，至安福门，孙德昭擒斩之，驰诣少阳院，叩门呼曰：『逆贼已诛，请陛下出劳将士。』何后不信，曰：『果尔，以其首来！』德昭献其首，上乃与后毁扉而出。崔胤迎上御长乐门楼，帅百官称贺。周承诲擒刘季述、王彦范继至，方诘责，已为乱梃所毙。薛齐偓赴井死，出而斩之。灭四人之族，并诛其党二十馀人。宦官奉太子匿于左军，献传国宝。上曰：『裕幼弱，为凶竖所立，非其罪也。』命还东宫，黜为德王，复名裕。丙戌，以孙德昭同平章事，充静海节度使，赐姓名李继昭。

丁亥，崔胤进位司徒，胤固辞。上宠待胤益厚。

己丑，朱全忠闻刘季述等诛，折程岩足，械送京师，并刘希度、李奉本等皆斩于都市，由是益重李振。

庚寅，以周承海为岭南西道节度使，赐姓名李继诲，董彦弼为宁远节度使，赐姓李，并同平章事；与李继昭俱留宿卫，十日乃出还家，赏赐倾府库，时人谓之『三使相』。

癸巳，进朱全忠爵东平王。

丙午，敕：『近年宰臣延英奏事，枢密使侍侧，争论纷然。既出，又称上旨未允，复有改易，桡权乱政。自今并依大中旧制，俟宰臣奏事毕，方得升殿承受公事。』赐两军副使李师度、徐彦孙自尽，皆刘季述之党也。

凤翔、彰义节度使李茂贞来朝；加茂贞守尚书令，兼侍中，进爵岐王。

刘季述、王仲先既死，崔胤、陆扆上言：『祸乱之兴，皆由中官典兵。乞令胤主左军，扆主右军，则诸侯不敢侵陵，王室尊矣。』上犹豫两日未决。李茂贞闻之，怒曰：『崔胤夺军权未得，已欲剪灭诸侯！』上召李继昭、李继诲、李彦弼谋之，皆曰：『臣等累世在军中，未闻书生为军主；若属南司，必多所变更，不若归之北司为便。』上乃谓胤、扆曰：『将士意不欲属文臣，卿曹勿坚求。』于是以枢密使韩全诲、凤翔监军使张彦弘为左、右中尉。全诲亦前凤翔监军也。又征前枢密使致仕严遵美为两军中尉、观军容处置使。遵美曰：『一军犹不可为，况两军乎！』固辞不起。以袁易简、周敬容为枢密使。

李茂贞辞还镇。崔胤以宦官典兵，终为肘腋之患，欲以外兵制之，讽茂贞留兵三千于京师，充宿卫，以茂贞假子继筠将之。左谏议大夫万年韩偓以为不可，胤曰：『兵自不肯去，非留之也。』偓曰：『始者何为召之邪？』胤无以应。偓曰：『留此兵则家国两

危，不留则家国两安。』胤不从。

朱全忠既服河北，欲先取河中以制河东。己亥，召诸将谓曰：『王珂驽材，恃太原自骄汰。吾今断长蛇之腰，诸君为我以一绳缚之。』庚子，遣张存敬将兵三万自汜水渡河出含山路以袭之，全忠以中军继其后。戊申，存敬至绛州。晋、绛不意其至，皆无守备。庚戌，绛州刺史陶建钊降之；壬子，晋州刺史张汉瑜降之。全忠遣其将侯言守晋州，何细守绛州，屯兵二万以扼河东援兵之路。朝廷恐全忠西入关，急赐诏和解之；全忠不从。珂遣间使告急于李克用，道路相继，克用以汴人先据晋、绛，兵不得进。珂妻遗克用书曰：『儿旦暮为俘虏，大人何忍不救！』克用报曰：『今贼兵塞晋、绛，众寡不敌，进则与汝两亡，不若与王郎举族归朝。』珂又遗李茂贞书，言：『天子新返正，诏藩镇无得相攻，同奖王室。今朱公不顾诏命，首兴兵相加，其心可见。河中若亡，则同华、邠、岐俱不自保。天子神器拱手授人，其势必然矣。公宜亟帅关中诸镇兵，固守潼关，赴救河中。仆自知不武，愿于公西偏授一小镇，此地请公有之。关中安危，国祚修短，系公此举，愿审思之！』茂贞素无远图，不报。

二月，甲寅朔，河东将李嗣昭攻泽州，拔之。

乙卯，张存敬引兵发晋州；己未，至河中，遂围之。王珂势穷，将奔京师，而人心

离贰，会浮梁坏，流澌塞河，舟行甚难，珂挈其族数百欲夜登舟，亲谕守城者，皆不应。牙将刘训曰：『今人情扰扰，若夜出涉河，必争舟纷乱，一夫作难，事不可知。不若且送款存敬，徐图向背。』珂从之。壬戌，珂植白幡于城隅，遣使以牌印请降于存敬。存敬请开城，珂曰：『吾于朱公有家世事分，请公退舍，俟朱公至，吾自以城授之。』存敬从之，且使走白全忠。乙丑，全忠至洛阳，闻之喜，驰往赴之。戊辰，至虞乡，先哭于重荣之墓，尽哀；河中人皆悦。珂欲面缚牵羊出迎，全忠遽使止之曰：『太师舅之恩何可忘！若郎君如此，使仆异日何以见舅于九泉！』乃以常礼出迎，握手歔欷，联辔入城。全忠表张存敬为护国军留后，王珂举族迁于大梁。其后全忠遣珂入朝，遣人杀之于华州。全忠闻张夫人疾亟，遽自河中东归。李克用遣使以重币请修好于全忠；全忠虽遣使报之，而忿其书辞蹇傲，决欲攻之。

以翰林学士、户部侍郎王溥为中书侍郎、同平章事。以吏部侍郎裴枢为户部侍郎、同平章事。溥，正雅之从孙也，常在崔胤幕府，故胤引之。

赠谥故睦王倚曰恭哀太子。

加幽州节度使刘仁恭、魏博节度使罗绍威并兼侍中。

三月，癸未朔，朱全忠至大梁。癸卯，遣氏叔琮等将兵五万攻李克用，入自太行，魏博都将张文恭入自磁州新口，葛从周以兖、郓兵会成德兵入自土门，洺州刺史张归厚入自马岭，义武节度使王处直入自飞狐，权知晋州侯言以慈、隰、晋、绛兵入自阴地。叔琮入天井关，进军昂车。辛亥，沁州刺史蔡训以城降。河东都将盖璋诣侯言降，即令权知沁州。壬子，叔琮拔泽州，刺史李存璋弃城走。叔琮进攻潞州，昭义节度使孟迁降之。河东屯将李审建、王周将步军一万、骑二千诣叔琮降。叔琮进趣晋阳。夏，四月，乙卯，叔琮出石会关，营于洞涡驿。张归厚引兵至辽州，丁巳，辽州刺史张鄂降。别将白奉国会成德兵自井陉入，己未，拔承天军，与叔琮烽火相应。

甲戌，上谒太庙。丁丑，赦天下，改元。雪王涯等十七家。

初，杨复恭为中尉，借度支卖曲一年之利以赡两军，自是不肯复归。至是，崔胤草赦，欲抑宦官，听酤者自造曲，但月输榷酤钱。两军先所造曲，趣令减价卖之，过七月无得复卖。

东川节度使王宗涤以疾求代，王建表马步使王宗裕为留后。

氏叔琮等引兵抵晋阳城下，数挑战，城中大恐。李克用登城备御，不遑饮食。时大雨积旬，城多颓坏，随加完补。河东将李嗣昭、李嗣源凿暗门，夜出攻汴垒，屡有杀获。李存进败汴军于洞涡。时汴军既众，刍粮不给，久雨，士卒疟利，全忠乃召兵还。

五月，叔琮等自石会关归，诸道军亦退。河东将周德威、李嗣昭以精骑五千蹑之，杀获甚众。先是，汾州刺史李瑭举州附于汴军，克用遣其将李存审攻之，三日而拔，执瑭，斩之。氏叔琮过上党，孟迁挈族随之南徙。朱全忠遣丁会代守潞州。

朱全忠奏乞除河中节度使，而讽吏民请己为帅。癸卯，以全忠为宣武、宣义、天平、护国四镇节度使。己酉，加镇海、镇东节度使钱镠守侍中。

崔胤之罢两军卖曲也，并近镇亦禁之。李茂贞惜其利，表乞入朝论奏，韩全诲请许之。茂贞至京师，全诲深与相结。崔胤始惧，阴厚朱全忠益甚，与茂贞为仇敌矣。

以佑国节度使张全义兼中书令。

六月，癸亥，朱全忠如河中。

上之返正也，中书舍人令狐涣、给事中韩偓皆预其谋，故擢为翰林学士，数召对，访以机密。涣，绹之子也。时上悉以军国事委崔胤，每奏事，上与之从容，或至然烛。宦官畏之侧目，事无大小，皆咨胤而后行。胤志欲尽除之，韩偓屡谏曰：『事禁太甚。此辈亦不可全无，恐其党迫切，更生他变。』胤不从。丁卯，上独召偓，问曰：『敕使中为恶者如林，何以处之？』对曰：『东内之变，敕使谁非同恶，处之当在正旦，今已失其时矣。』上曰：『当是时，卿何不为崔胤言之？』对曰：『臣见陛下诏书云，「自刘

季述等四家之外，其馀一无所问。」夫人主所重，莫大于信，既下此诏，则守之宜坚。若复戮一人，则人人惧死矣。然后来所去者已为不少，此其所以恟恟不安也。陛下不若择其尤无良者数人，明示其罪，置之于法，然后抚谕其余曰：「吾恐尔曹谓吾心有所贮，自今可无疑矣。」乃择其忠厚者使为之长。其徒有善则奖之，有罪则惩之，咸自安矣。今此曹在公私者以万数，岂可尽诛邪！夫帝王之道，当以重厚镇之，公正御之，至于琐细机巧，此机生则彼机应矣，终不能成大功，所谓理丝而棼之者也。况今朝廷之权，散在四方。苟能先收此权，则事无不可为者矣。』上深以为然，曰：『此事终以属卿。』

李克用遣其将李嗣昭、周德威将兵出阴地关，攻隰州，刺史唐礼降之。进攻慈州，刺史张瑰降之。

闰月，以河阳节度使丁会为昭义节度使，孟迁为河阳节度使，从朱全忠之请也。

道士杜从法以妖妄诱昌、普、合三州民作乱，王建遣行营兵马使王宗黯将兵三万会东川、武信兵讨之。宗黯，即吉谏也。

崔胤请上尽诛宦官，但以宫人掌内诸司事。宦官属耳，颇闻之，韩全诲等涕泣求哀于上，上乃令胤：『有事封疏以闻，勿口奏。』宦官求美女知书者数人，内之宫中，阴

令诇察其事，尽得胤密谋，上不之觉也。全诲等大惧，每宴聚，流涕相诀别，日夜谋所以去胤之术。胤时领三司使，全诲等教禁军对上喧噪，诉胤减损冬衣。上不得已，解胤盐铁使。时朱全忠、李茂贞各有挟天子令诸侯之意，全忠欲上幸东都，茂贞欲上幸凤翔。胤知谋泄，事急，遗朱全忠书，称被密诏，令全忠以兵迎车驾，且言：『昨者返正，皆令公良图，而凤翔先入朝抄取其功。今不速来，必成罪人，岂惟功为他人所有，且见征讨矣！』全忠得书，秋，七月，甲寅，遽归大梁发兵。

西川龙台镇使王宗侃等讨杜从法，平之。

八月，甲申，上问韩偓曰：『闻陆扆不乐吾返正，正旦易服，乘小马出启夏门，有诸？』对曰：『返正之谋，独臣与崔胤辈数人知之，扆不知也。一旦忽闻宫中有变，人情能不惊骇！易服逃避，何妨有之！陛下责其为宰相无死难之志则可也，至于不乐返正，恐出于谗人之口，愿陛下察之。』上乃止。韩全诲等惧诛，谋以兵制上，乃与李继昭、李继诲、李彦弼、李继筠深相结，继昭独不肯从。它日，上问韩偓：『外间何所闻？』对曰：『惟闻敕使忧惧，与功臣及继筠交结，将致不安，亦未知其果然不耳。』上曰：『是不虚矣。比日继诲、彦弼辈语渐倔强，令人难耐。令狐涣欲令朕召崔胤及全诲等于内殿，置酒和解之，何如？』对曰：『如此则彼凶悖益甚。』上曰：『为之奈何？』对曰：『独有显罪数人，速加窜逐，馀者许其自新，庶几可息。若一无所问，彼必知陛下心有所贮，益不自安，事终未了耳。』上曰：『善！』既而宦官自恃党援已成，稍不遵敕旨；上或出之使监军，或黜守诸陵，皆不行，上无如之何。

或告杨行密云，钱镠为盗所杀。行密遣步军都指挥使李神福等将兵取杭州，两浙将顾全武等列八寨以拒之。

九月，癸丑，上急召韩偓，谓曰：『闻全忠欲来除君侧之恶，大是尽忠，然须令与茂贞共其功。若两帅交争，则事危矣。卿为我语崔胤，速飞书两镇，使相与合谋，则善矣。』壬戌，上又谓偓曰：『继诲、彦弼辈骄横益甚，累日前与继筠同入，辄于殿东令小儿歌以侑酒，令人惊骇。』对曰：『臣必知其然，兹事失之于初。当正旦立功之时，但应以官爵、田宅、金帛酬之，不应听其恣出入禁中。此辈素无知识，数求入对，或妄论朝政，或僭易荐人，稍有不从，则生怨望。况惟知嗜利，为敕使以厚利雇之，令其如此耳。崔胤本留卫兵，欲以制敕使也，今敕使、卫兵相与为一，将若之何！汴兵若来，必与岐兵斗于阙下，臣窃寒心。』上但愀然忧沮而已。

冬，十月，戊戌，朱全忠大举兵发大梁。

李神福与顾全武相拒久之，神福获杭俘，使出入卧内。神福谓诸将曰：『杭兵尚

强，我师且当夜还。』杭俘走告全武，神福命勿追，暮遣羸兵先行，神福为殿，使行营都尉吕师造伏兵青山下。全武素轻神福，出兵追之。神福、师造夹击，大破之，斩首五千级，生擒全武。钱镠闻之，惊泣曰：『丧我良将！』神福进攻临安，两浙将秦昶帅众三千降之。

韩全诲闻朱全忠将至，丁酉，令李继诲、李彦弼等勒兵劫上，请幸凤翔，宫禁诸门皆增兵防守，人及文书出入搜阅甚严。上遣人密赐崔胤御札，言皆凄怆，末云：『我为宗社大计，势须西行，卿等但东行也。惆怅！惆怅！』戊戌，上遣赵国夫人出语韩偓：『朝来彦弼辈无礼极甚，欲召卿对，其势未可。』且言：『上与皇后但涕泣相向。』自是，学士不复得对矣。癸卯，全诲等令上入阁召百官，追寝正月丙午敕书，悉如咸通以来近例。是日，开延英，全诲等即侍侧，同议政事。丁未，神策都指挥使李继筠遣部兵掠内库宝货、帷帐、法物，韩全诲遣人密送诸王、宫人先之凤翔。戊申，朱全忠至河中，表请车驾幸东都，京城大骇，士民亡窜山谷。是日，百官皆不入朝，阙前寂无人。

十一月，己酉朔，李继筠等勒兵阙下，禁人出入，诸军大掠。士民衣纸及布襦者，满街极目。韩建以幕僚司马邺知匡国留后。朱全忠引四镇兵七万趣同州，邺迎降。

韩全诲等以李继昭不与之同，遏绝不令见上。时崔胤居第在开化坊，继昭帅所部六千馀人及关东诸道兵在京师者共守卫之。百官及士民避乱者，皆往依之。庚戌，上遣供奉官张绍孙召百官，崔胤等皆表辞不至。壬子，韩全诲等陈兵殿前，言于上曰：『全忠以大兵逼京师，欲劫天子幸洛阳，求传禅。臣等请奉陛下幸凤翔，收兵拒之。』上不许，杖剑登乞巧楼。全诲等逼上下楼，上行才及寿春殿，李彦弼已于御院纵火。是日冬至，上独坐思政殿，翘一足，一足蹋栏干，庭无群臣，旁无侍者。顷之，不得已，与皇后、妃嫔、诸王百馀人皆上马，恸哭声不绝，出门，回顾禁中，火已赫然。是夕，宿鄠县。

朱全忠遣司马邺入华州，谓韩建曰：『公不早知过自归，又烦此军少留城下矣。』是日，全忠自故市引兵南渡渭，韩建遣节度副使李巨川请降，献银三万两助军。全忠乃西南趣赤水。

癸丑，李茂贞迎车驾于田家砣，上下马慰接之。甲寅，车驾至盩厔。乙卯，留一日。

朱全忠至零口西，闻车驾西幸，与僚佐议，复引兵还赤水。左仆射致仕张浚说全忠曰：『韩建，茂贞之党，不先取之，必为后患。』全忠闻建有表劝天子幸凤翔，乃引兵逼其城。建单骑迎谒，全忠责之，对曰：『建目不知书，凡表章书檄，皆李巨川所为。』全忠以巨川常为建画策，斩之军门。谓建曰：『公许人，可即往衣锦。』丁巳，以建为

忠武节度使，理陈州，以兵援送之；以前商州刺史李存权知华州，徙忠武节度使赵珝为匡国节度使。车驾之在华州也，商贾辐凑，韩建重征之，二年，得钱九百万缗。至是，全忠尽取之。

是时京师无天子，行在无宰相，崔胤使太子太师卢渥等二百馀人列状请朱全忠西迎车驾，又使王溥至赤水见全忠计事。全忠复书曰：『进则惧胁君之谤，退则怀负国之惭，然不敢不勉。』戊午，全忠发赤水。

辛酉，以兵部侍郎卢光启权句当中书事。车驾留岐山三日，壬戌，至凤翔。

朱全忠至长安，宰相帅百官班迎于长乐坡。明日行，复班辞于临皋驿。全忠赏李继昭之功，初令权知匡国留后，复留为两街制置使，赐与甚厚，继昭尽献其兵八千人。全忠使判官李择、裴铸入奏事，称：『奉密诏及得崔胤书，令臣将兵入朝。』韩全诲等矫诏答以：『朕避灾至此，非宦官所劫，密诏皆崔胤诈为之，卿宜敛兵归保土宇。』茂贞遣其将符道昭屯武功以拒全忠，癸亥，全忠将康怀贞击破之。

丁卯，以卢光启为右谏议大夫，参知机务。

戊辰，朱全忠至凤翔，军于城东。李茂贞登城谓曰：『天子避灾，非臣下无礼，谗人误公至此。』全忠报曰：『韩全诲劫迁天子，今来问罪，迎扈还宫。岐王苟不预谋，何

烦陈谕！』上屡诏全忠还镇，全忠乃拜表奉辞。辛未，移兵北趣邠州。

甲戌，制：守司空兼门下侍郎、同平章事崔胤责授工部尚书，户部侍郎、同平章事裴枢罢守本官。

乙亥，朱全忠攻邠州。丁丑，静难节度使李继徽请降，复姓名杨崇本。全忠质其妻于河中，令崇本仍镇邠州。全忠之西入关也，韩全诲、李茂贞以诏命征兵河东，茂贞仍以书求援于李克用。克用遣李嗣昭将五千骑自沁州趣晋州，与汴兵战于平阳北，破之。

乙亥，全忠发邠州。戊寅，次三原。十二月，癸未，崔胤至三原见全忠，趣之迎驾。己丑，全忠遣朱友宁攻盩厔，不下。戊戌，全忠自往督战，盩厔降，屠之。全忠令崔胤帅百官及京城居民悉迁于华州。诏以裴贽充大明宫留守。

清海节度使徐彦若薨，遗表荐行军司马刘隐权留后。

李神福知钱镠定不死，而临安城坚，久攻不拔，欲归，恐为镠所邀，乃遣人守卫镠祖考丘垄，禁樵采，又使顾全武通家信。镠遣使谢之。神福于要路多张旗帜为虚寨，镠以为淮南兵大至，遂请和。神福受其犒赂而还。

朱全忠之入关也，戎昭节度使冯行袭遣副使鲁崇矩听命于全忠。韩全诲遣中使二十馀人分道征江、淮兵屯金州，以胁全忠，行袭尽杀中使，收其诏敕送全忠。又遣中使征

兵于王建，朱全忠亦遣使乞师于建。建外修好于全忠，罪状李茂贞，而阴劝茂贞坚守，许之救援。以武信节度使王宗佶、前东川节度使王宗涤等为扈驾指挥使，将兵五万，声言迎车驾，其实袭茂贞山南诸州。

江西节度使钟传将兵围抚州刺史危全讽，天火烧其城，士民欢惊。诸将请急攻之，传曰：『乘人之危，非仁也。』乃祝曰：『全讽之罪，无为害民。』火寻止。全讽闻之，谢罪听命，以女妻传子匡时。传少时尝猎，醉遇虎，与斗，虎搏其肩，而传亦持虎腰不置。旁人共杀虎，乃得免。既贵，悔之，常戒诸子曰：『士处世贵智谋，勿效吾暴虎也。』

武贞节度使雷满薨，子彦威自称留后。

资治通鉴卷第二百六十三

唐纪七十九 起玄黓阉茂，尽昭阳大渊献正月，凡一年有奇。

昭宗圣穆景文孝皇帝中之下

天复二年（壬戌，公元九〇二年）

春，正月，癸丑，朱全忠复屯三原，又移军武功。河东将李嗣昭、周德威攻慈、隰，以分全忠兵势。

丁卯，以给事中韦贻范为工部侍郎、同平章事。

丙子，以给事中严龟充岐、汴和协使，赐朱全忠姓李，与李茂贞为兄弟，全忠不从。时茂贞不出战。全忠闻有河东兵，二月，戊寅朔，还军河中。

李嗣昭等攻慈、隰，下之，进逼晋、绛。己丑，全忠遣兄子友宁将兵会晋州刺史氏叔琮击之。李嗣昭袭取绛州，汴将康怀英复取之。嗣昭等屯蒲县。乙未，汴军十万营于蒲南，叔琮夜帅众断其归路而攻其垒，破之，杀获万馀人。己亥，全忠自河中赴之，乙巳，至晋州。

盗发简陵。

西川兵至利州，昭武节度使李继忠弃镇奔凤翔。王建以剑州刺史王宗伟为利州制置使。

三月，庚戌，上与李茂贞及宰相、学士、中尉、枢密宴，酒酣，茂贞及韩全诲亡去。上问韦贻范：「朕何以巡幸至此？」对曰：「臣在外不知。」固问，不对。上曰：「卿何得于朕前妄语云不知？」又曰：「卿既以非道取宰相，当于公事如法，若有不可，必准故事。」怒目视之，微言曰：「此贼兼须杖之二十。」顾谓韩偓曰：「此辈亦称宰相！」贻范屡以大杯献上，上不即持，贻范举杯直及上颐。

戊午，氏叔琮、朱友宁进攻李嗣昭、周德威营。时汴军横陈十里，而河东军不过数万，深入敌境，众心恟惧。德威出战而败，密令嗣昭以后军前去，德威寻引骑兵亦退。叔琮、友宁长驱乘之，河东军惊溃，禽克用子廷鸾，兵仗辎重委弃略尽。朱全忠令叔琮、友宁乘胜遂攻河东。

李克用闻嗣昭等败，遣李存信以亲兵逆之，至清源，遇汴军，存信走还晋阳。汴军取慈、隰、汾三州。辛酉，汴军围晋阳，营于晋祠，攻其西门。周德威、李嗣昭收馀众依西山得还。城中兵未集，叔琮攻城甚急，每行围，褒衣博带，以示闲暇。克用昼夜乘城，不得寝食。召诸将议走保云州，李嗣昭、李嗣源、周德威曰：「儿辈在此，必能固守。王勿为此谋，动摇人心！」李存信曰：「关东、河北皆受制于朱温，我兵寡地蹙，守此孤城，彼筑垒穿堑环之，以积久制我，我飞走无路，坐待困毙耳。今事势已急，不若且入北虏，徐图进取。」嗣昭力争之。克用不能决。刘夫人言于克用曰：「存信，北川牧羊儿耳，安知远虑！王常笑王行瑜轻去其城，死于人手，今日反效之邪！且王昔居达靼，几不自免。赖朝廷多事，乃得复归。今一足出城，则祸变不测，塞外可得至邪！」克用乃止。居数日，溃兵复集，军府浸安。克用弟克宁为忻州刺史，闻汴寇至，中涂复还晋阳，曰：「此城吾死所也，去将何之！」众心乃定。

壬戌，朱全忠还河中，遣朱友宁将兵西击李茂贞，军于兴平、武功之间。李嗣昭、李嗣源数将敢死士夜入氏叔琮营，斩首捕虏，汴军惊扰，备御不暇。会大疫，丁卯，叔琮引兵还。嗣昭与周德威将兵追之，及石会关，叔琮留数马于高冈之巅，嗣昭等以为有伏兵，乃引去，复取慈、隰、汾三州。自是克用不敢与全忠争者累年。

克用以使引谷幕府曰：「不蓄军食，何以聚众？不置兵甲，何以克敌？不修城池，何以捍御？利害之间，请垂议度。」掌书记李袭吉献议，略曰：「国富不在仓储，兵强不由众寡，人归有德，神固害盈。聚敛宁有盗臣，苛政有如猛虎，所以鹿台将散，周武以兴；齐库既焚，晏婴入贺。」又曰：「伏以变法不若养人，改作何如旧贯！韩建蓄财无数，首事朱温，王珂变法如麻，一朝降贼。中山城非不峻，蔡上兵非不多，前事甚明，可以为诫。且籍国无外主，强将无弱兵。伏愿大王崇德爱人，去奢省役，设险固境，训兵务农。定乱者选武臣，制理者选文吏。钱谷有句，刑法有律。诛赏由我，则下无威福之弊；近密多正，则人无谗谤之忧。顺天时而绝欺诬，敬鬼神而禁淫祀，则不求富而国富，不求安而自安。外破元凶，内康疲俗，名高五霸，道冠八元。至于率闾阎，定向深，增由集。检田畴，开国籍，恐未为切。」克用来军皆沙陀杂虏，喜侵暴良民，河东甚苦之。其子存勖以为言，克用曰：「此辈从吾攻战数十年，比者帑藏空虚，诸军卖马以自给。今四方诸侯皆重赏以募士，我若急之，则彼皆散去矣，吾安与同保此乎！俟天下稍平，当更清治之耳。」存勖幼警敏，有勇略。克用为朱全忠所困，封疆日蹙，忧形于色。存勖进言曰：「物不极则不反，恶不极则不亡。朱氏恃其诈力，穷凶极暴，吞天四邻，人怨神怒。今又攻逼乘舆，窥觎神器，此其极也。殆将毙矣！吾家世忠贞，势穷力屈，无所愧心。大人当遣兼甲留以待其衰，奈何轻为沮丧，使群下失望乎！」克用说，即命酒奏乐而罢。刘夫人无子，克用宠姬曹氏生存勖，刘夫人待曹氏加厚。克用以是益贤之。诸姬有子，辄命夫人母之。夫人教养，悉如所生。

上以左金吾将军李俨为江、淮宣谕使，书御札赐杨行密，拜行密东面行营都统、中书令、吴王，以讨朱全忠。以朱瑾为平卢节度使，冯弘铎为武宁节度使，朱延寿为奉国节度使。加武安节度使马殷同平章事。淮南、宣歙、湖南等道立功将士，听用都统牒承制迁补，然后表闻。俨，张浚之子也，赐姓李。

夏，四月，丁酉，崔胤自华州诣河中，泣诉于朱全忠，恐李茂贞劫天子幸蜀，宜以时迎奉，势不可缓。全忠与之宴，胤亲执板，为全忠歌以侑酒。

辛丑，回鹘遣使入贡，请发兵赴难，上命翰林学士承旨韩偓答书许之。乙巳，偓上言：『戎狄兽心，不可倚信。彼见国家人物华靡，而城邑荒残，甲兵雕弊，必有轻中国之心，启其贪婪。且自会昌以来，回鹘为中国所破，恐其乘危复怨。所赐可汗书，宜谕以小小寇窃，不须赴难，虚愧其意，实沮其谋。』从之。

兵部侍郎参知机务卢光启罢为太子太保。

杨行密遣顾全武归杭州以易秦裴，钱镠大喜，遣裴还。

汴将康怀贞击凤翔将李继昭于莫谷，大破之。继昭，蔡州人也，本姓符，名道昭。

五月，庚戌，温州刺史朱褒卒，兄敖自称刺史。

凤翔人闻朱全忠且来，皆惧，癸丑，城外居民皆迁入城。己未，全忠将精兵五万发河中，至东渭桥，遇霖雨，留旬日。

庚午，工部侍郎、同平章事韦贻范遭母丧，宦官荐翰林学士姚洎为相。洎谋于韩偓，

偓曰：『若图永久之利，则莫若未就为善；倘出上意，固无不可。且汴军旦夕合围，孤城难保，家族在东，可不虑乎！』洎乃移疾，上亦自不许。

镇海、镇东节度使彭城王钱镠进爵越王。

六月，丙子，以中书舍人苏检为工部侍郎、同平章事。时韦贻范在草土，荐检及姚洎于李茂贞。上既不用洎，茂贞及宦官恐上自用人，协力荐检，遂用之。

丁丑，朱全忠军于虢县。

武宁节度使冯弘铎介居宣、扬之间，常不自安，然自恃楼船之强，不事两道。宁国节度使田頵欲图之，募弘铎工人造战舰，工人曰：『冯公远求坚木，故其船堪久用，今此无之。』頵曰：『第为之，吾止须一用耳。』弘铎将冯晖、颜建说弘铎先击頵，弘铎从之，帅众南上，声言攻洪州，实袭宣州也。杨行密使人止之，不从。辛巳，頵帅舟师逆击于葛山，大破之。

甲申，李茂贞大出兵，自将之，与朱全忠战于虢县之北，大败而还，死者万馀人。

丙戌，全忠遣其将孔勍出散关攻凤州，拔之。丁亥，全忠进军凤翔城下。全忠朝服向城而泣，曰：『臣但欲迎车驾还宫耳，不与岐王角胜也。』遂为五寨环之。

冯弘铎收馀众沿江将入海，杨行密恐其为后患，遣使犒军，且说之曰：『公徒众犹

盛，胡为自弃沧海之外！吾府虽小，足以容公之众，使将吏各得其所，如何？」弘铎左右皆恸哭听命。弘铎至东塘，行密自乘轻舟迎之，从者十馀人，常服，不持兵，升弘铎舟，慰谕之，举军感悦。署弘铎淮南节度副使，馆给甚厚。初，弘铎遣牙将丹徒尚公乃诣行密求润州，行密不许。公乃大言曰：「公不见听，但恐不敌楼船耳。」至是，行密谓公乃曰：「颇记求润州时否？」公乃谢曰：「将吏各为其主，但恨无成耳。」行密笑曰：「尔事杨叟如事冯公，无忧矣！」行密以李神福为升州刺史。

杨行密发兵讨朱全忠，以副使李承嗣权知淮南军府事。军吏欲以巨舰运粮，都知兵马使徐温曰：「运路久不行，葭苇堙塞，请用小艇，庶几易通。」军至宿州，会久雨，重载不能进，士有饥色，而小艇先至，行密由是奇温，始与议军事。行密攻宿州，久不克，竟以粮运不继引还。

秋，七月，孔勍取成、陇二州，士卒无斗者。至秦州，州人城守，乃自故关归。

韦贻范之为相也，多受人赂，许以官。既而以母丧罢去，日为债家所噪。亲吏刘延美，所负尤多，故汲汲于起复，日遣人诣两中尉、枢密及李茂贞求之。甲戌，命韩偓草贻范起复制，偓曰：「吾腕可断，此制不可草！」即上疏论贻范遭忧未数月，遽令起复，实骇物听，伤国体。学士院二中使怒曰：「学士勿以死为戏！」偓以疏授之，解衣而寝，二使不得已奏之。上即命罢草，仍赐敕褒赏之。八月，乙亥朔，班定，无白麻可宣。宦官喧言韩侍郎不肯草麻，闻者大骇。茂贞入见上曰：「陛下命相而学士不肯草麻，与反何异！」上曰：「卿辈荐贻范，朕不之违，学士不草麻，朕亦不之违。况彼所陈，事理明白，若之何不从！」茂贞不悦而出，至中书，见苏检曰：「奸邪朋党，宛然如旧。」扼腕者久之。贻范犹经营不已，茂贞语人曰：「我实不知书生礼数，为贻范所误，会当于邠州安置。」贻范乃止。刘延美赴井死。

保大节度使李茂勋将兵屯三原，救李茂贞。朱全忠遣其将康怀英、孔勍击之，茂勋遁去。茂勋，茂贞之从弟也。

初，孙儒死，其士卒多奔浙西，钱镠爱其骁悍，以为中军，号武勇都。行军司马杜稜谏曰：「狼子野心，他日必为深患，请以土人代之。」不从。

镠如衣锦军，命武勇右都指挥使徐绾帅众治沟洫；镇海节度副使成及闻士卒怨言，白镠请罢役，不从。丙戌，镠临飨诸将，绾谋杀镠于座，不果，称疾先出。镠怪之，丁亥，命绾将所部先还杭州。及外城，纵兵焚掠。武勇左都指挥使许再思以迎候兵与之合，进逼牙城。镠子传瑛与三城都指挥使马绰等闭门拒之，牙将潘长击绾，绾退屯龙兴寺。镠还，及龙泉，闻变，疾驱至城北，使成及建镠旗鼓与绾战，镠微服乘小舟夜抵

牙城东北隅，逾城而入。直更卒凭鼓而寐，镠亲斩之，城中始知镠至。武安都指挥使杜建徽自新城入援，徐绾聚木将焚北门，建徽悉焚之。建徽，稜之子也。湖州刺史高彦闻难，遣其子渭将兵入援，至灵隐山，绾伏兵击杀之。初，镠筑杭州罗城，谓僚佐曰：『十步一楼，可以为固矣。』掌书记馀杭罗隐曰：『楼不若内向。』至是人以隐言为验。

庚戌，李茂贞出兵夜袭奉天，虏汴将倪章、邵棠以归。乙未，茂贞大出兵，与朱全忠战，不胜，暮归，汴兵追之，几入西门。

己亥，再起复前户部侍郎、同平章事韦贻范，使姚洎草制。贻范不让，即表谢，明日，视事。

西川兵请假道于兴元，山南西道节度使李继密遣兵戍三泉以拒之。辛丑，西川前锋将王宗播攻之，不克，退保山寨。亲吏柳修业谓宗播曰：『公举族归人，不为之死战，何以自保？』宗播令其众曰：『吾与汝曹决战，取功名；不尔，死于此！』遂破金牛、黑水、西县、褒城四寨。军校秦承厚攻西县，矢贯左目，达于右目，镞不出。王建自舐其创，脓溃镞出。王宗播攻马盘寨，继密战败，奔还汉中。西川军乘胜至城下，王宗涤帅众先登，遂克之，继密请降，迁于成都。得兵三万，骑五千，宗涤入屯汉中。王建曰：『继密残贼三辅，以其降，不忍杀。』复其姓名曰王万弘，不时召见。诸将陵易之，万弘终日纵酒，俳优辈亦加戏诮。万弘不胜忧愤，醉投池水而卒。

诏以王宗涤为山南西道节度使。宗涤有勇略，得众心，王建忌之。建作府门，绘以朱丹，蜀人谓之『画红楼』，建以宗涤姓名应之，王宗佶等疾其功，复构以飞语。建召宗涤至成都，诘责之，宗涤曰：『三蜀略平，大王听谗，杀功臣可矣。』建命亲随马军都指挥使唐道袭夜饮之酒，缢杀之，成都为之罢市，连营涕泣，如丧亲戚。建以指挥使王宗贺权兴元留后。道袭，阆州人也，始以舞童事建，后浸预谋画。

九月，乙巳，朱全忠以久雨，士卒病，召诸将议引兵归河中。亲从指挥使高季昌、左开道指挥使刘知俊曰：『天下英雄，窥此举一岁矣。今茂贞已困，奈何舍之去！』全忠患李茂贞坚壁不出，季昌请以谲计诱致之。募有能入城为谍者，骑士马景请行，曰：『此行必死，愿大王录其妻子。』全忠恻然止之，景不可。时全忠遣朱友伦发兵于大梁，明日将至，当出兵迓之。景请因此时给骏马杂众骑而出，全忠从之，命诸军皆秣马饱士。丁未旦，偃旗帜潜伏，营中寂如无人。景与众骑皆出，忽跃马西去，诈为逃亡，入城告茂贞曰：『全忠举军遁矣，独留伤病者近万人守营，今夕亦去矣，请速击之！』于是茂贞开门，悉众攻全忠营，全忠鼓于中军，百营俱出，纵兵击之，又遣数百骑据其城门，凤翔军进退失据，自蹈藉，杀伤殆尽。茂贞自是丧气，始议与全忠连

和，奉车驾还京，不复以诏书勒全忠还镇矣。全忠表季昌为宋州团练使。季昌，硖石人，本朱友恭之仆夫也。

戊申，武定节度使李思敬以洋州降王建。

辛亥，李茂贞尽出骑兵于邻州就刍粮。壬子，朱全忠穿蚰蜒壕围凤翔，设犬铺、铃架以绝内外。

癸亥，以茂贞为凤翔、静难、武定、昭武四镇节度使。

或劝钱镠渡江东保越州，以避徐、许之难。杜建徽按剑叱之曰：「事或不济，同死于此，岂可复东渡乎！」镠恐徐绾等据越州，遣大将顾全武将兵戍之。全武曰：「越州不足往，不若之广陵。」镠曰：「何故？」对曰：「闻绾等谋召田頵，田頵至，淮南助之，不可敌也。」建徽曰：「孙儒之难，王尝有德于杨公，今往告之，宜有以相报。」镠命全武告急于杨行密，全武曰：「徒往无益，请得王子为质。」镠命其子传璙微服为全武仆，与偕之广陵，且求婚于行密。过润州，团练使安仁义爱传璙清丽，将以十仆易之。全武夜半赂阍者逃去。

绾等果召田頵，頵引兵赴之，先遣亲吏何饶谓镠曰：「请大王东如越州，空府廨以相待，无为杀士卒！」镠报曰：「军中叛乱，何方无之！公为节帅，乃助贼为逆。战则亟战，又何大言！」頵筑垒绝往来之道，镠患之，募能夺其地者赏以州。衢州制置使陈璋将卒三百出城奋击，遂夺其地，镠即以为衢州刺史。顾全武至广陵，说杨行密曰：「使田頵得志，必为王患。王召頵还，钱王请以子传璙为质，且求婚。」行密许之，以女妻传璙。

冬，十月，李俨至扬州，杨行密始建制敕院，每有封拜，辄以告俨，于紫极宫玄宗像前陈制书，再拜然后下。

王建攻拔兴州，以军使王宗浩为兴州刺史。

戊寅夜，李茂贞假子彦询帅三团步兵奔于汴军。己卯，李彦韬继之。

庚辰，朱全忠遣幕僚司马邺奉表入城。甲申，又遣使献熊白，自是献食物、缯帛相继。上皆先以示李茂贞，使启视之，茂贞亦不敢启。丙戌，复遣使请与茂贞议连和，民出城樵采者皆不抄掠。丁亥，全忠表请修宫阙及迎车驾。己丑，遣国子司业薛昌祚、内使王延绩赍诏赐全忠。癸巳，茂贞复出兵击汴军城西寨，败还。全忠以绛袍衣降者，使招呼城中人，凤翔军夜缒去，及因樵采去不返者甚众。是后茂贞或遣兵出击汴军，多不为用，散还。茂贞疑上与全忠有密约。壬寅，更于御院北垣外增兵防卫。

十一月，癸卯朔，保大节度使李茂勋帅其众万余人救凤翔，屯于城北阪上，与城中

举烽相应。

甲辰，上使赵国夫人诇学士院二使皆不在，亟召韩偓、姚洎，窃见之于土门外，执手相泣。洎请上速还，恐为他人所见，上遽去。

朱全忠遣其将孔勍、李晖将兵乘虚袭鄜、坊。壬子，拔坊州。甲寅，大雪，汴军冒之夕进，五鼓，抵鄜州城下。鄜人不为备，汴军入城，城中兵尚八千人，格斗至午，鄜人始败，擒留后李继璙。勍抚存李茂勋及将士之家，按堵无扰，命李晖权知军府事。茂勋闻之，引兵遁去。汴军每夜鸣鼓角，城中地如动。攻城者诟城上人云「劫天子贼」，乘城者诟城下人云「夺天子贼」。是冬，大雪，城中食尽，冻馁死者不可胜计，或卧未死，已为人所冎。市中卖人肉，斤直钱百，犬肉值五百。茂贞储偫亦竭，以犬彘供御膳。上鬻御衣及小皇子衣于市以充用，削渍松柹以饲御马。

丙子，户部侍郎、同平章事韦贻范薨。

癸亥，朱全忠遣人薙城外草以困城中。甲子，李茂贞增兵守宫门，诸宦者自度不免，互相尤怨。

苏检数为韩偓经营入相，言于茂贞及中尉、枢密，且遣亲吏告偓，偓怒曰：「公与韦公自贬所召归，旬月致位宰相，讫不能有所为。今朝夕不济，乃欲以此相污邪！」

田頵急攻杭州，仍具舟将自西陵渡江。钱镠遣其将盛造、朱郁拒破之。

十二月，李茂勋遣使请降于朱全忠，更名周彝。于是茂贞山南州镇皆入王建，关中州镇皆入全忠，坐守孤城。乃密谋诛宦官以自赎，遣全忠书曰：「祸乱之兴，皆由全诲。仆迎驾至此，以备他盗。公既志匡社稷，请公迎扈还宫，仆以弊甲凋兵，从公陈力。」全忠复书曰：「仆举兵至此，正以乘輿播迁；公能协力，固所愿也。」

杨行密使人召田頵曰：「不还，吾且使人代镇宣州。」庚辰，頵将还，征犒军钱二十万缗于钱镠，且求镠子为质，将妻以女。镠谓诸子：「孰能为田氏婿者？」莫对。镠欲遣幼子传球，传球不可。镠怒，将杀之。次子傳瓘请行，吴夫人泣曰：「奈何置儿虎口！」传瓘曰：「纾国家之难，安敢爱身！」再拜而出，镠泣送之。传瓘从数人缒北门而下。頵与徐绾、许再思同归宣州。镠夺传球内牙兵印。

越州客军指挥使张洪以徐绾之党自疑，帅步兵三百奔衢州，刺史陈璋纳之。温州将丁章逐刺史朱敖，敖奔福州。章据温州，田頵遣使招之，道出衢州。陈璋听其往还，钱镠由是恨璋。

丁酉，上召李茂贞、苏检、李继诲、李彦弼、李继岌、李继远、李继忠食，议与朱全忠和，上曰：「十六宅诸王以下，冻馁死者日有数人。在内诸王及公主、妃嫔，一日

食粥，一日食汤饼，今亦竭矣。卿等意如何？」皆不对。上曰：「速当和解耳！」

凤翔兵十馀人遮韩全诲于左银台门，喧骂曰：「阖境涂炭，阖城馁死，正为军容辈数人耳！」全诲叩头诉于茂贞，茂贞曰：「卒辈何知！」命酌酒两杯，对饮而罢。又诉于上，上亦谕解之。李继昭谓全诲曰：「昔杨军容破杨守亮一族，今军容亦破继昭一族邪！」慢骂之，遂出降于全忠，复姓符，名道昭。

是岁，虔州刺史卢光稠攻岭南，陷韶州，使其子延昌守之，进围潮州。清海留后刘隐发兵击走之，乘胜进攻韶州。隐弟陟以为延昌有虔州之援，未可遽取。隐不从，遂围韶州。会江涨，馈运不继，光稠自虔州引兵救之。其将谭全播伏精兵万人于山谷，以羸弱挑战，大破隐于城南，隐奔还。全播悉以功让诸将，光稠益贤之。

岳州刺史邓进思卒，弟进忠自称刺史。

三年（癸亥，公元九〇三年）

春，正月，甲辰，遣殿中侍御史崔构、供奉官郭遵诲诣朱全忠营。丙午，李茂贞亦遣牙将郭启期往议和解。

平卢节度使王师范，颇好学，以忠义自许，为治有声迹。朱全忠围凤翔，韩全诲以诏书征藩镇兵入援乘舆，师范见之，泣下沾衿，曰：「吾属为帝室藩屏，岂得坐视天子困辱如此。各拥强兵，但自卫乎！」会张浚自长水亦遗之书，劝举义兵。师范曰：「张公言正会吾意，夫复何疑！虽力不足，当死生以之。」时关东兵多从全忠在凤翔，师范分遣诸将诈为贡献及商贩，包束兵仗，载以小车，入汴、徐、兖、郓、齐、沂、河南、孟、滑、河中、陕、虢、华等州，期以同日俱发，讨全忠。适诸州者多事泄被擒，独行军司马刘鄩取兖州。时泰宁节度使葛从周悉将其屯邢州，鄩先遣人为贩油者入城，诇其虚实及兵所从入。丙午，鄩将精兵五百夜自水窦入，比明，军城悉定，市人皆不知。鄩据府舍，拜从周母，每旦省谒；待其妻子，甚有恩礼；子弟职掌、供亿如故。

是日，青州牙将张居厚帅壮士二百将小车至华州东城，知州事娄敬思疑其有异，剖视之。其徒大呼，杀敬思，攻西城。崔胤在华州，帅众拒之，不克，走至商州，追获之。

全忠留节度判官裴迪守大梁，师范遣走卒赍书至大梁，迪问以东方事，走卒色动。迪察其有变，屏人问之，走卒具以实告。迪不暇白全忠，亟请马步都指挥使朱友宁将兵万馀人东巡兖、郓。友宁召葛从周于邢州，共攻师范。全忠闻变，亦分兵先归，使友宁并将之。

戊申，李茂贞独见上，中尉韩全诲、张彦弘、枢密使袁易简、周敬容皆不得对。茂

贞请诛全诲等，与朱全忠和解，奉车驾还京。上喜，即遣内养帅凤翔卒四十人收全诲等，斩之。以御食使第五可范为左军中尉，宣徽南院使仇承坦为右军中尉，王知古为上院枢密使，杨虔朗为下院枢密使。是夕，又斩李继筠、李继诲、李彦弼及内诸司使韦处廷等十六人。己酉，遣韩偓及赵国夫人诣全忠营，又遣使囊全诲等二十馀人首以示全忠，曰：『向来胁留车驾，惧罪离间，不欲协和，皆此曹也。今朕与茂贞决意诛之，卿可晓谕诸军，以豁众愤。』辛亥，全忠遣观察判官李振奉表入谢。

全诲等已诛，而全忠围犹未解。茂贞疑崔胤教全忠欲必取凤翔，白上急召胤，令帅百官赴行在。凡四降诏，三赐朱书御札，言甚切至，悉复故官爵，胤竟称疾不至。茂贞惧，自致书于胤，辞甚卑逊。全忠亦以书召胤，且戏之曰：『吾未识天子，须公来辨其是非。』胤始来。

甲寅，凤翔始启城门。丙辰，全忠巡诸寨，至城北，有凤翔兵自北山下，全忠疑其逼己，遣兵击之，擒其将李继钦。上遣赵国夫人、冯翊夫人诣全忠营诘其故，全忠遣亲吏蒋玄晖奉表入奏。

李茂贞请以其子侃尚平原公主，又欲以苏检女为景王秘妃以自固。平原公主，何后之女也，后意难之。上曰：『且令我得出，何忧尔女！』后乃从之。壬戌，平原公主嫁宋侃。纳景王妃苏氏。时凤翔所诛宦官已七十二人，朱全忠又密令京兆搜捕致仕不从行者，诛九十人。

甲子，车驾出凤翔，幸全忠营，全忠素服待罪。命客省使宣旨释罪，去三仗，止报平安，以公服入谢。全忠见上，顿首流涕。上命韩偓扶起之。上亦泣，曰：『宗庙社稷，赖卿再安；朕与宗族，赖卿再生。』亲解玉带以赐之。少休，即行。全忠单骑前导十馀里，上辞之。全忠乃令朱友伦将兵扈从，自留部分后队，焚撤诸寨。友伦，存之子也。是夕，车驾宿岐山。丁卯，至兴平，崔胤始帅百官迎谒，复以胤为司空、门下侍郎、同平章事，领三司如故。己巳，入长安。

庚午，全忠、崔胤同对。胤奏：『国初承平之时，宦官不典兵预政。天宝以来，宦官浸盛。贞元之末，分羽林卫为左、右神策军以便卫从，始令宦官主之，以二千人为定制。自是参掌机密，夺百司权，上下弥缝，共为不法，大则构扇藩镇，倾危国家；小则卖官鬻狱，蠹害朝政。王室衰乱，职此之由，不剪其根，祸终不已。请悉罢内诸司使，其事务尽归之省寺，诸道监军俱召还阙下。』上从之。是日，全忠以兵驱宦官第五可范等数百人于内侍省，尽杀之，冤号之声，彻于内外。其出使外方者，诏所在收捕诛之，止留黄衣幼弱者三十人以备洒扫。又诏成德节度使王镕选进五十人充敕使，取其土风深

贞请诛全诲等，与朱全忠和解，奉车驾还京。上喜，即遣内养帅凤翔卒四十人收全诲等，斩之。以御食使第五可范为左军中尉，宣徽南院使仇承坦为右军中尉，王知古为上院枢密使，杨虔朗为下院枢密使。是夕，又斩李继筠、李继诲、李彦弼及内诸司使韦处廷等十六人。己酉，遣韩偓及赵国夫人诣全忠营，又遣使囊全诲等二十馀人首以示全忠，曰：『向来胁留车驾，惧罪离间，不欲协和，皆此曹也。今朕与茂贞决意诛之，卿可晓谕诸军，以豁众愤。』辛亥，全忠遣观察判官李振奉表入谢。

全诲等已诛，而全忠围犹未解。茂贞疑崔胤教全忠欲必取凤翔，白上急召胤，令帅百官赴行在。凡四降诏，三赐朱书御札，言甚切至，悉复故官爵，胤竟称疾不至。茂贞惧，自致书于胤，辞甚卑逊。全忠亦以书召胤，且戏之曰：『吾未识天子，须公来辨其是非。』胤始来。

甲寅，凤翔始启城门。丙辰，全忠巡诸寨，至城北，有凤翔兵自北山下，全忠疑其逼己，遣兵击之，擒其将李继钦。上遣赵国夫人、冯翊夫人诣全忠营诘其故，全忠遣亲吏蒋玄晖奉表入奏。

李茂贞请以其子侃尚平原公主，又欲以苏检女为景王秘妃以自固。平原公主，何后之女也，后意难之。上曰：『且令我得出，何忧尔女！』后乃从之。壬戌，平原公主嫁宋侃。纳景王妃苏氏。时凤翔所诛宦官已七十二人，朱全忠又密令京兆搜捕致仕不从行者，诛九十人。

甲子，车驾出凤翔，幸全忠营，全忠素服待罪。命客省使宣旨释罪，去三仗，止报平安，以公服入谢。全忠见上，顿首流涕。上命韩偓扶起之。上亦泣，曰：『宗庙社稷，赖卿再安；朕与宗族，赖卿再生。』亲解玉带以赐之。少休，即行。全忠单骑前导十馀里，上辞之。全忠乃令朱友伦将兵扈从，自留部分后队，焚撤诸寨。友伦，存之子也。是夕，车驾宿岐山。丁卯，至兴平，崔胤始帅百官迎谒，复以胤为司空、门下侍郎、同平章事，领三司如故。己巳，入长安。

庚午，全忠、崔胤同对。胤奏：『国初承平之时，宦官不典兵预政。天宝以来，宦官浸盛。贞元之末，分羽林卫为左、右神策军以便卫从，始令宦官主之，以二千人为定制。自是参掌机密，夺百司权，上下弥缝，共为不法，大则构扇藩镇，倾危国家；小则卖官鬻狱，蠹害朝政。王室衰乱，职此之由，不剪其根，祸终不已。请悉罢内诸司使，其事务尽归之省寺，诸道监军俱召还阙下。』上从之。是日，全忠以兵驱宦官第五可范等数百人于内侍省，尽杀之，冤号之声，彻于内外。其出使外方者，诏所在收捕诛之，止留黄衣幼弱者三十人以备洒扫。又诏成德节度使王镕选进五十人充敕使，取其土风深

干山南，启宋文通不臣之心；终则兵交阙庭，矢及御衣，漂泊莎城，流寓华阴。幽辱东内，劫迁岐阳。崔昌遐无如之何，更召朱全忠以讨之。连兵围城，再罹寒暑，御膳不足于糗糒，王家殍踣于乞籴。然后全诲就诛，乘舆东出，翦灭其党，靡有孑遗。而唐之庙社因以丘墟矣！然则宦官之祸，始于明皇，盛于肃、代，成于德宗，极于昭宗。《易》曰：「履霜坚冰至。」为国家者，防微杜渐，可不慎其始哉！此其为患，章章如是之著者也。自余伤贤害能，召乱致祸，卖官鬻狱，沮败师徒，蠹害烝民，不可遍举。

夫寺人之官，自三王之世，具载于《诗》、《礼》，所以谨闺闼之禁，通内外之言，安可无也。如巷伯之疾恶，寺人披之事君，郑众之辞赏，吕强之直谏，曹日昇之救患，马存亮之弭乱，杨复光之讨贼，严遵美之避权，张承业之竭忠，其中岂得无贤才乎！顾人主不当与之谋议政事，进退士大夫，使有威福足以动人耳。果或有罪，小则刑之，大则诛之，无所宽赦。如此，虽使之专横，孰敢焉！岂可不察臧否，不择是非，欲草薙而禽狝之，能无乱乎！是以袁绍行之于前而董卓弱汉，崔昌遐袭之于后而朱氏篡唐，虽快一时之忿而国随以亡。是犹恶衣之垢而焚之，患木之蠹而伐之，其为害岂不益多哉！孔子曰：「人而不仁，疾之已甚，乱也。」斯之谓矣！

王师范遣使以起兵告李克用，克用贻书褒赞之。河东监军张承业亦劝克用发兵救凤翔。克用攻晋州，闻车驾东归，乃罢。

杨行密承制加朱瑾东面诸道行营副都统、同平章事，以升州刺史李神福为淮南行军司马、鄂岳行营招讨使，舒州团练使刘存副之，将兵击杜洪。洪将骆殷戍永兴，弃城走，县民方诏据城降。神福曰：「永兴大县，馈运所仰，已得鄂之半矣！」

贞请诛全诲等，与朱全忠和解，奉车驾还京。上喜，即遣内养帅凤翔卒四十人收全诲等，斩之。以御食使第五可范为左军中尉，宣徽南院使仇承坦为右军中尉，王知古为上院枢密使，杨虔朗为下院枢密使。是夕，又斩李继筠、李继诲、李彦弼及内诸司使韦处廷等十六人。己酉，遣韩偓及赵国夫人诣全忠营，又遣使囊全诲等二十馀人首以示全忠，曰：『向来胁留车驾，惧罪离间，不欲协和，皆此曹也。今朕与茂贞决意诛之，卿可晓谕诸军，以豁众愤。』辛亥，全忠遣观察判官李振奉表入谢。

全诲等已诛，而全忠围犹未解。茂贞疑崔胤教全忠欲必取凤翔，白上急召胤，令帅百官赴行在。凡四降诏，三赐朱书御札，言甚切至，悉复故官爵，胤竟称疾不至。茂贞惧，自致书于胤，辞甚卑逊。全忠亦以书召胤，且戏之曰：『吾未识天子，须公来辨其是非。』胤始来。

甲寅，凤翔始启城门。丙辰，全忠巡诸寨，至城北，有凤翔兵自北山下，全忠疑其逼己，遣兵击之，擒其将李继钦。上遣赵国夫人、冯翊夫人诣全忠营诘其故，全忠遣亲吏蒋玄晖奉表入奏。

李茂贞请以其子侃尚平原公主，又欲以苏检女为景王秘妃以自固。平原公主，何后之女也，后意难之。上曰：『且令我得出，何忧尔女！』后乃从之。壬戌，平原公主嫁

宋侃。纳景王妃苏氏。时凤翔所诛宦官已七十二人，朱全忠又密令京兆搜捕致仕不从行者，诛九十人。

甲子，车驾出凤翔，幸全忠营，全忠素服待罪。命客省使宣旨释罪，去三仗，止报平安，以公服入谢。全忠见上，顿首流涕。上命韩偓扶起之。上亦泣，曰：『宗庙社稷，赖卿再安；朕与宗族，赖卿再生。』亲解玉带以赐之。少休，即行。全忠单骑前导十馀里，上辞之。全忠乃令朱友伦将兵扈从，自留部分后队，焚撤诸寨。友伦，存之子也。是夕，车驾宿岐山。丁卯，至兴平，崔胤始帅百官迎谒，复以胤为司空、门下侍郎、同平章事，领三司如故。己巳，入长安。

庚午，全忠、崔胤同对。胤奏：『国初承平之时，宦官不典兵预政。天宝以来，宦官浸盛。贞元之末，分羽林卫为左、右神策军以便卫从，始令宦官主之，以二千人为定制。自是参掌机密，夺百司权，上下弥缝，共为不法，大则构扇藩镇，倾危国家；小则卖官鬻狱，蠹害朝政。王室衰乱，职此之由，不剪其根，祸终不已。请悉罢内诸司使，其事务尽归之省寺，诸道监军俱召还阙下。』上从之。是日，全忠以兵驱宦官第五可范等数百人于内侍省，尽杀之，冤号之声，彻于内外。其出使外方者，诏所在收捕诛之，止留黄衣幼弱者三十人以备洒扫。又诏成德节度使王镕选进五十人充敕使，取其土风深

厚、人性谨朴也。上愍可范等或无罪，为文祭之。自是宣传诏命，皆令宫人出入。其两军内外八镇兵悉属六军，以崔胤兼判六军十二卫事。

臣光曰：宦官用权，为国家患，其来久矣。盖以出入宫禁，人主自幼及长，与之亲狎，非如三公六卿，进见有时，可严惮也。其间复有性识儇利，语言辩给，善伺候颜色，承迎志趣，受命则无违迕之患，使令则有称惬之效。自非上智之主，烛知物情，虑患深远，侍奉之外，不任以事，则近者日亲，远者日疏，甘言卑辞之请有时而从，浸润肤受之诉有时而听。于是黜陟刑赏之政，潜移于近习而不自知，如饮醇酒，嗜其味而忘其醉也。黜陟刑赏之柄移而国家不危乱者，未之有也。

东汉之衰，宦官最名骄横，然皆假人主之权，依凭城社，以浊乱天下，未有能劫胁天子如制婴儿，废置在手，东西出其意，使天子畏之若乘虎狼而挟蛇虺如唐世者也。所以然者非他，汉不握兵，唐握兵故也。

太宗鉴前世之弊，深抑宦官无得过四品。明皇始隳旧章，是崇是长，晚节令高力士省决章奏，乃至进退将相，时与之议，自太子王公皆畏事之，宦官自此炽矣。及中原板荡，肃宗收兵灵武，李辅国以东宫旧隶参豫军谋，宠过而骄，不复能制，遂至爱子慈父皆不能庇，以忧悸终。代宗践阼，仍遵覆辙，程元振、鱼朝恩相继用事，窃弄刑赏，壅蔽聪明，视天子如委裘，陵宰相如奴虏，是以来瑱入朝，遇谗赐死。吐蕃深侵郊甸，匿不以闻，致狼狈幸陕。李光弼危疑愤郁，以损其生。郭子仪摈废家居，不保丘垄。仆固怀恩冤抑无诉，遂弃勋庸，更为叛乱。德宗初立，颇振纲纪，宦官稍绌。而返自兴元，猜忌诸将，以李晟、浑瑊为不可信，悉夺其兵，而以窦文场、霍仙鸣为中尉，使典宿卫，自是太阿之柄，落其掌握矣。宪宗末年，吐突承璀欲废嫡立庶，以成陈洪志之变。宝历狎昵群小，刘克明与苏佐明为逆，其后绛王及文、武、宣、懿、僖、昭六帝，皆为宦官所立，势益骄横。王守澄、仇士良、田令孜、杨复恭、刘季述、韩全诲为之魁杰。至自称『定策国老』，目天子为门生，根深蒂固，疾成膏肓，不可救药矣！文宗深愤其然，志欲除之，以宋申锡之贤，犹不能有所为，反受其殃。况李训、郑注反覆小人，欲以一朝谲诈之谋，翦累世胶固之党，遂至涉血禁涂，积尸省户，公卿大臣，连颈就诛，阖门屠灭，天子阳喑纵酒，饮泣吞气，自比赧、献，不亦悲乎！以宣宗之严毅明察，犹闭目摇首，自谓畏之。况懿、僖之骄侈，苟声色球猎足充其欲，则政事一以付之，呼之以父，固无怪矣。贼污宫阙，两幸梁、益，皆令孜所为也。昭宗不胜其耻，力欲清涤，而所任不得其人，所行不由其道。始则张浚覆军于平阳，增李克用跋扈之势；复恭亡命

于山南，启宋文通不臣之心；终则兵交阙庭，矢及御衣，漂泊莎城，流寓华阴，幽辱东内，劫迁岐阳。崔昌遐无如之何，更召朱全忠以讨之。连兵围城，再罹寒暑，御膳不足于糗糒，王侯毙踣于饥寒。然后全诲就诛，乘舆东出，翦灭其党，靡有孑遗，而唐之庙社因以丘墟矣！然则宦官之祸，始于明皇，盛于肃、代，成于德宗，极于昭宗。《易》曰：『履霜坚冰至。』为国家者，防微杜渐，可不慎其始哉！此其为患，章章尤著者也。自馀伤贤害能，召乱致祸，卖官鬻狱，沮败师徒，蠹害烝民，不可遍举。

夫寺人之官，自三王之世，具载于《诗》、《礼》，所以谨闺闼之禁，通内外之言，安可无也。如巷伯之疾恶，寺人披之事君，郑众之辞赏，吕强之直谏，曹日升之救患，马存亮之弭乱，杨复光之讨贼，严遵美之避权，张承业之竭忠，其中岂无贤才乎！顾人主不当与之谋议政事，进退士大夫，使有威福足以动人耳。果或有罪，小则刑之，大则诛之，无所宽赦。如此，虽使之专横，孰敢焉！岂可不察臧否，不择是非，欲草薙而禽狝之，能无乱乎！是以袁绍行之于前而董卓弱汉，崔昌遐袭之于后而朱氏篡唐，虽快一时之忿而国随以亡。是犹恶衣之垢而焚之，患木之蠹而伐之，其为害岂不益多哉！孔子曰：『人而不仁，疾之已甚，乱也。』斯之谓矣！

王师范遣使以起兵告李克用，克用贻书褒赞之。河东监军张承业亦劝克用发兵救凤翔，克用攻晋州，闻车驾东归，乃罢。

杨行密承制加朱瑾东面诸道行营副都统、同平章事，以升州刺史李神福为淮南行军司马、鄂岳行营招讨使，舒州团练使刘存副之，将兵击杜洪。洪将骆殷戍永兴，弃城走，县民方诏据城降。神福曰：『永兴大县，馈运所仰，已得鄂之半矣！』